W0360673

J'AI PAS LE TEMPS !

Séances de Cross-Training

Éditrice : Candice Roger - Amphora
Couverture et principe de maquette : Thibault Panfili - Amphora
Mise en page : Artemishqc.com
Photo de couverture : ©Fotolia
Crédits intérieurs : photos : Denis Boulanger ;
illustrations : p. 13 : La Gorda/AdobeStock ;
p. 19 : 7activestudio/AdobeStock ; p. 23 : ddgrigg/AdobeStock.
Relecture : Sandrine Harbonnier
Imprimé en Europe par EPEL (Hendaye)

ISBN 978 275 760 390 1

Christophe **POURCELOT** et Frédéric **CAVERNE**

J'AI PAS LE TEMPS !

Séances de Cross-Training

40 SÉANCES DE 20 MINUTES
3 NIVEAUX DE DIFFICULTÉ

AMPHORA

SOMMAIRE

CROSS-TRAINING, MUSCULATION FONCTIONNELLE ET « MINIMALIST TRAINING » : ON VOUS ÉCLAIRE !

Le « cross-training » est une appellation anglo-saxonne qui signifie littéralement « entraînement croisé ». Le terme implique qu'au sein d'une même séance différents éléments qui conditionnent la performance sportive soient sollicités en même temps.

D'un point de vue personnel, j'ai commencé dès 2004 à « croiser » les trois disciplines intégrées au sein de l'ancienne fédération sportive FFHMFAC (Haltérophilie, Force Athlétique et Culturisme), tout en y ajoutant quelques mouvements issus des sports de combat et de l'athlétisme. Au fur et à mesure des années, d'autres activités sportives comme le parkour, la gymnastique et des exercices liés à la mouvance « animal flow » ont été tour à tour rajoutés.

Mais combiner des exercices liés à différents horizons sportifs ne suffit pas à en délimiter le concept. Dans ce cas, nous pouvons tomber naturellement très vite vers une approche de type « circuit training ». Dès le début, j'ai donc codifié mes séances autour de trois axes de travail : une phase « explosive », puis une phase « force » et, en fin de séance, une phase de conditionnement métabolique (endurance de force). Il y a donc bien un « entraînement croisé des activités sportives ET des qualités physiques au sein d'une même séance ».

Il est en revanche possible de se **perdre derrière un tel concept aux multiples interprétations possibles**. C'est ainsi que, depuis quelques années, 2015 pour être plus précis, j'ai décidé de **l'épurer et de l'aérer.** Il me fallait d'abord le dépouiller pour mieux me le réapproprier. J'ai donc adopté une vision plus claire en rapport direct avec mes objectifs. Cette vision porte sur des éléments fondamentaux :

- » Se fixer des objectifs réalistes, mais ambitieux ;
- » Ne pas être influencé par les objectifs des autres ;
- » Ne pas être influencé par la « pensée unique » du système « fitness » ;
- » Rechercher le minimum d'effort pour un maximum d'efficacité ;
- » Rechercher de l'équilibre et de l'harmonie dans sa pratique ;
- » Travailler la technique prioritairement, avant d'introduire de l'intensité ;
- » Effectuer un travail réellement fonctionnel à travers l'expression du mouvement dans les trois plans de l'espace (sagittal, frontal et horizontal) ;
- » Redonner de l'importance au travail au seul poids de corps ;
- » Supprimer ou diminuer très nettement la phase « force » ;
- » Effectuer des séances plus courtes à l'intensité progressive.

Si nous rajoutons à tout ceci une orientation des séances vers la prise de masse musculaire, vous obtenez votre fameuse « musculation fonctionnelle ».

- Une musculation majoritairement effectuée à partir de mouvements globaux, et une utilisation de « petit matériel » (bandes élastiques et kettlebells) ainsi qu'un volume de travail important au seul poids de corps.
- Un travail orienté vers la prise de masse musculaire (efficacité du système nerveux + endurance musculaire).
- Un travail multiplan pour le renforcement des capacités de coordination et de proprioception.

Voici donc résumé l'esprit qui a guidé la conception de cet ouvrage : tout d'abord, comprendre pour mieux s'engager (aspects théoriques), puis s'engager efficacement et en toute intelligence gestuelle.

Nous vous souhaitons de très bons entraînements dans cet état d'esprit vif et épuré.

Christophe et Frédéric

« J'ai pas le temps ! » : le concept

L'ouvrage que vous tenez entre les mains s'articule autour de plusieurs aspects qui, cumulés entre eux, vont vous guider dans une pratique du cross-training **minimaliste**, **accessible** et **évolutive**. Ces aspects sont les suivants :

- Cet ouvrage s'adresse à un public **assez large**, pas forcément spécialiste et surtout très motivé par la pratique de ce sport ultracomplet et dynamique !
- Un ouvrage **condensé** qui reprend toute la quintessence de l'esprit cross-training.
- Des séances **courtes** à l'intensité croissante ! Les séances ne durent en effet que **20 minutes** au maximum !
- **3** programmes de **4** semaines chacun.
- Un visuel plaisant et **ergonomique** afin de se projeter instantanément dans les séances à venir.
- Une évolution **progressive** et **cohérente**, la progression s'effectuant à l'intérieur des programmes, puis entre chaque programme.

À qui s'adresse ce livre ?

- Aux **hommes** et aux **femmes** ! Il n'y a aucune différence dans la pratique de ce sport entre les deux sexes. L'ensemble de la musculature du corps est toujours harmonieusement sollicité.
- Aux pratiquants à **domicile** ou en **salle**. Le matériel nécessaire se trouve désormais dans tous les commerces et toutes les salles de remise en forme ou autres structures.
- Aux personnes ne disposant que de **peu de temps** à allouer à leur pratique sportive, ce manque de temps pouvant être transitoire ou plus durable.
- Aux **débutants** : cet ouvrage est idéal pour s'initier tout en progressant. Il peut parfois être contre-productif de se lancer à corps perdu et de façon chaotique dans une nouvelle activité.
- À ceux qui veulent **entretenir** leurs acquis ou même **progresser** malgré le manque de temps : les séances sont de plus en plus intenses et techniques malgré l'orientation « grand public » de l'ouvrage...

Les avantages

- L'**efficacité** et la **rentabilité** : plusieurs séances courtes bien pensées seront toujours plus efficaces qu'une ou deux séances aux contenus trop denses et souvent trop longues ! Ces séances chronophages sont habituellement contre-productives (risques de blessures, facultés de récupération altérées, ennui, manque d'intensité).
- La **concentration** : des séances courtes favorisent l'investissement mental et l'imprégnation totale avec le contenu de la séance.
- La **motivation** : s'entraîner alors que l'on ne dispose que de très peu de temps relève d'un esprit combatif. L'argument principal évoqué par les personnes ne pratiquant pas ou plus de sport reste

invariablement le manque de temps. Apparemment, vous n'êtes pas de ce type de personnes ou vous désirez ne plus l'être !
La pratique d'une activité sportive aussi exigeante que le cross-training favorise indéniablement **l'estime de soi**.

» **Une condition physique en béton armé !** La combinaison, au sein même de la séance, du travail nerveux (explosivité et puissance) et de l'endurance musculaire (conditionnement métabolique) reste le meilleur outil de préparation physique générale. Cette efficacité n'est plus à prouver et, surtout, vous allez très vite le ressentir !
» La **sociabilité** : les entraînements courts vous permettent de maintenir une vie sociale parfaitement équilibrée. Les séances interminables (souvent pratiquées au sein d'une communauté) vous désocialisent insidieusement. C'est hélas un constat qui se vérifie trop souvent...
» Une **révélation** : le « format » de cet ouvrage peut tout à fait éveiller votre curiosité et vous pousser à approfondir vos connaissances sur le sujet.

Enfin, nous avons décidé de ne pas nous affranchir d'une première partie **théorique** qui nous apparaît fondamentale dès lors que l'on se lance dans une pratique sportive protéiforme telle que le « cross-training ». La première partie de l'ouvrage vous permettra de mieux cerner les exigences physiologiques de cette activité. Un lien permanent avec la pratique sera toujours effectué.

Les séances se dérouleront toutes avec cette même logique :

» Une trame de séance unique :
Début de séance : développement de la force nerveuse, mouvement de puissance et d'explosivité.
Fin de séance : enchaînement « métabolique » sur de l'endurance de force.
» Logique allant du qualitatif vers le quantitatif.
» Séances courtes au contenu minimaliste.
» Travail au poids de corps, avec bandes élastiques et kettlebells uniquement.

Un peu de théorie

« Étudie, non pour savoir plus, mais pour savoir mieux. »
(Sénèque)

Inclure une partie purement théorique au sein d'un ouvrage essentiellement pratique et « grand public » constitue pour nous un pari audacieux mais nécessaire. Nécessaire, car la pratique d'une activité physique aussi « multiple » que le « cross-training » ne pouvait se départir de quelques éclaircissements liés à l'une de ses composantes majeures : la complexité des interactions physiologiques dans le cadre d'un entraînement de type « croisé ».

Par le biais de cette partie de l'ouvrage, nous avons voulu favoriser la compréhension du lecteur tout en respectant l'intégrité des études parues sur le sujet. Que sont l'explosivité, la puissance et l'endurance ? Pourquoi les développer cumulativement ? Quels sont leurs intérêts respectifs ? De quels facteurs physiques et physiologiques sont-elles dépendantes et comment les stimuler ? Tels seront les sujets abordés dans les chapitres à venir, tout en conservant toujours cette volonté de contextualiser ces notions au regard de l'ouvrage que vous tenez entre les mains.

La force et ses corollaires : l'explosivité et la puissance

FORCE : LA QUALITÉ REINE

La force est une qualité centrale et complexe qui peut s'exprimer sous différents aspects faisant appel à différents mécanismes de contractions musculaires. **Elle met en évidence trois principales formes de force ainsi que des sous-catégories.**

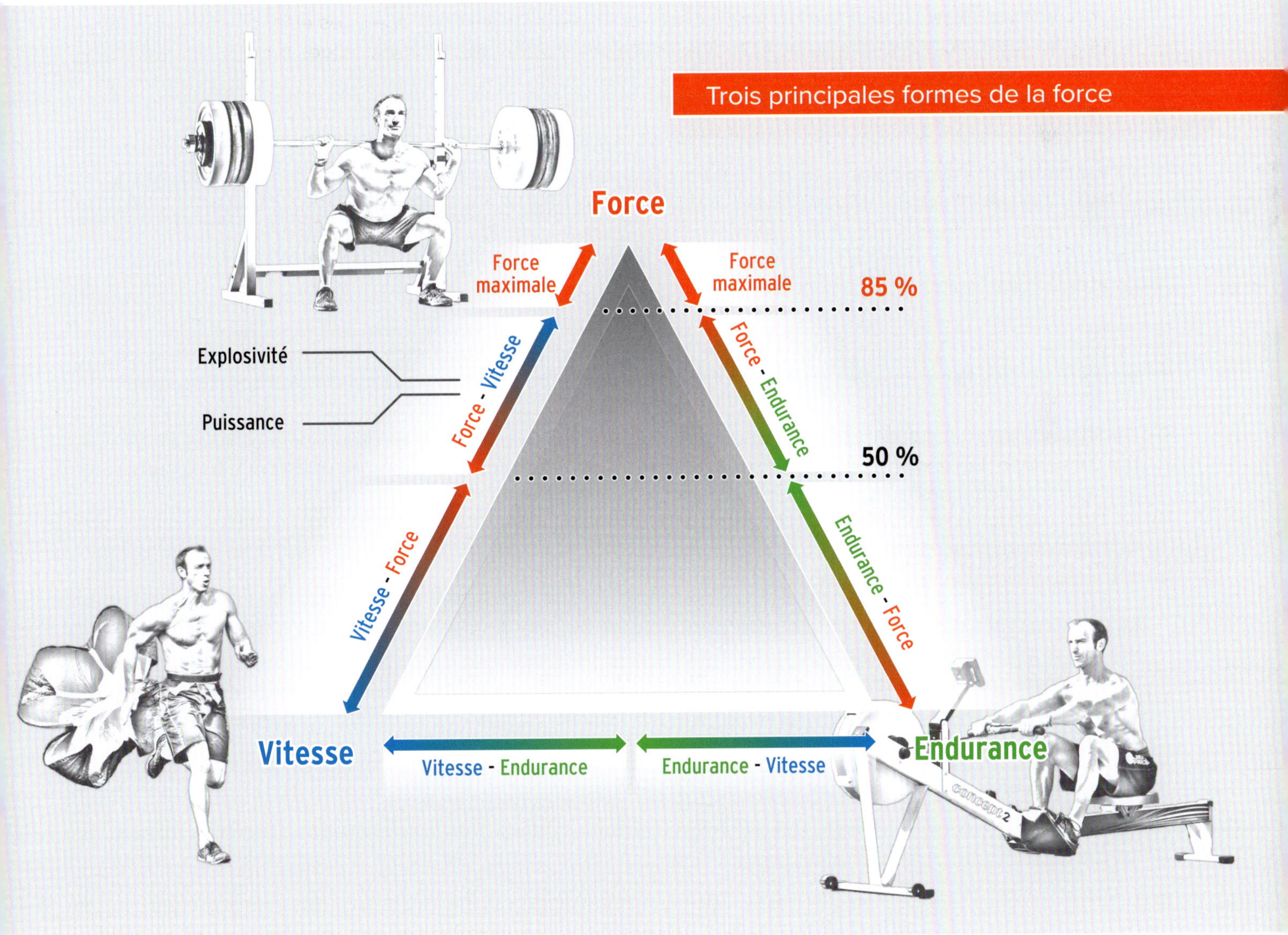

L'expression de la force sera dépendante de la pratique sportive. En fonction de la discipline choisie, des qualités prédominantes seront mises en jeu. On parle de :

- **Force maximale** : capacité du système nerveux et musculaire à produire une contraction musculaire volontaire maximale.
- **Force-endurance :** quand la force domine la qualité d'endurance.
- **Force-vitesse :** quand la force domine la vitesse. On peut parler également de puissance ou d'explosivité.

De l'avis de plusieurs auteurs, des sous-catégories sont nées afin d'induire une meilleure compréhension en réponse aux besoins des sportifs. On parlera donc de :

- **Vitesse-force** : quand la qualité de vitesse prime sur l'endurance.
- **Endurance de force** : quand la qualité d'endurance prime sur la force.

Notions de force, vitesse et puissance

La puissance et l'explosivité sont des qualités physiques qui appartiennent de manière inhérente à la force-vitesse. Elles sont requises dans la plupart des sports. Par exemple au rugby, lors d'une accélération et d'un changement soudain de direction ; au basket-ball, lors d'un « dunk » où le sportif propulse sa masse du sol pour marquer un panier ; en judo également, lors d'une projection vigoureuse et instantanée.

La puissance implique une combinaison de force et de vitesse. **Puissance et explosivité mettent en exergue différents paramètres pour produire un maximum de force en un temps le plus court possible.**

Dans cet ouvrage, les qualités de puissance et d'explosivité seront systématiquement exploitées en début de séance. L'organisme, échauffé, est à ce niveau de la séance parfaitement réactif et ultrasensible aux fortes sollicitations du système nerveux central.

Mieux comprendre la force

La force est considérée comme la qualité principale du muscle. Pour Fox et Mathews, la force se définit comme la tension qu'un muscle ou groupe musculaire peut opposer à une résistance, par une contraction. **Il existe trois types d'expression de la force : maximale concentrique, maximale isométrique et maximale excentrique.** Elles sont mises en jeu lors de trois régimes de contraction : concentrique, isométrique et excentrique.

Un peu de théorie

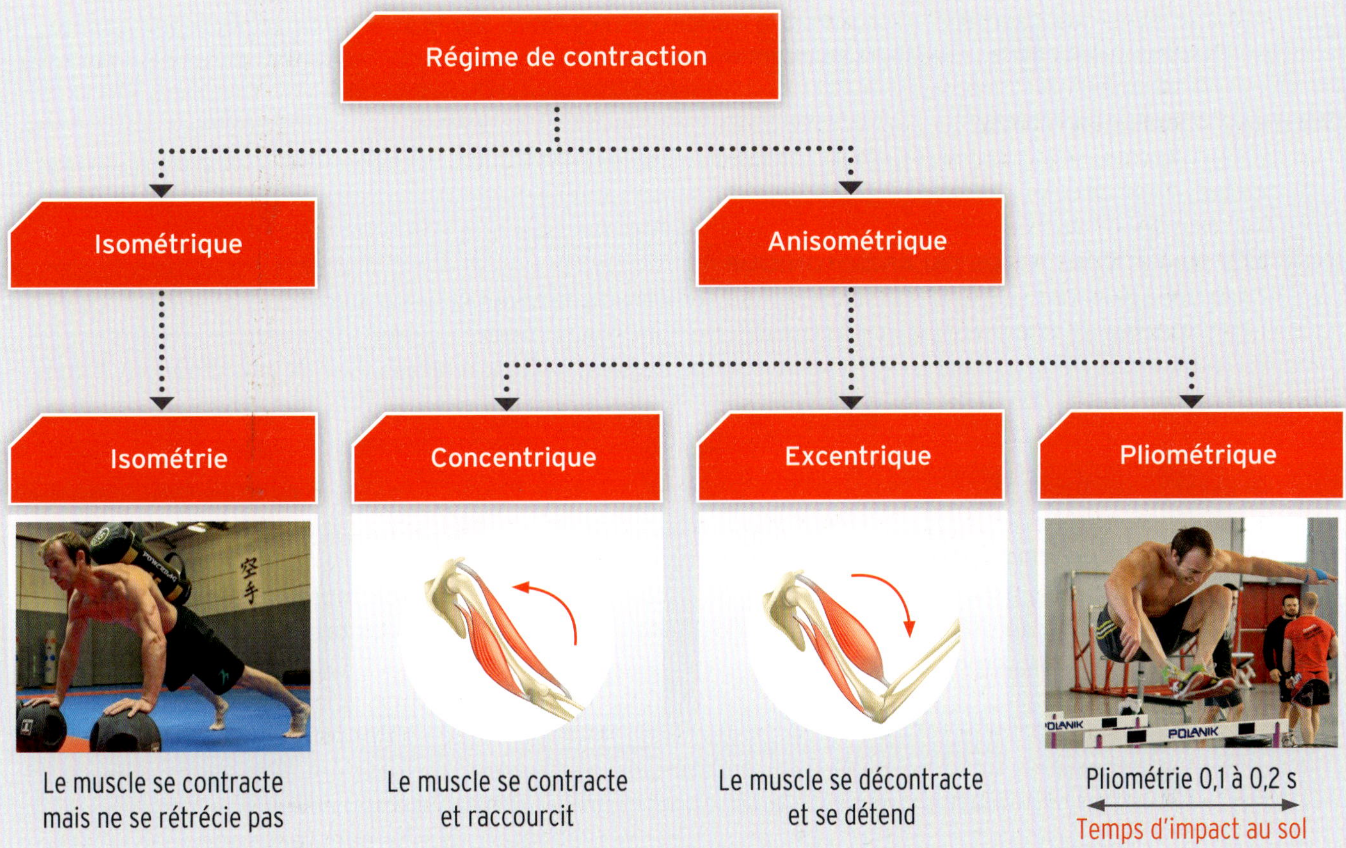

Le régime de contraction isométrique (« iso » : « égal » et « metro » : « mesure », c'est-à-dire dont les dimensions sont égales) implique des **contractions** musculaires sans raccourcissement ou éloignement des insertions. On retrouve bien évidemment ce type de contraction dans les grands mouvements de gainage comme la « planche » ou la « chaise », mais aussi, ce qui nous concerne plus particulièrement, dans des **phases de mise en tension musculaire préalables** à des mouvements dynamiques (« Kettlebell Dead Start Snatch », par exemple).

Le régime de contraction anisométrique (« an » : « sans, le contraire » ; « iso » : « égal » et « metro » : « mesure », c'est-à-dire dont les dimensions sont inégales, varient) implique le mouvement. Il inclut les contractions concentriques, excentriques et pliométriques.

CONTRACTION CONCENTRIQUE

Elle approche des insertions musculaires, le muscle se raccourcit. Sur le schéma de la page précédente, le coude se fléchit avec le raccourcissement du biceps.

CONTRACTION EXCENTRIQUE

Elle éloigne les insertions musculaires. Malgré le muscle qui s'allonge, la charge est freinée dans sa descente.

CONTRACTION PLIOMÉTRIQUE OU ANISOTONIQUE

C'est une contraction excentrique suivie immédiatement d'une contraction concentrique. Le muscle est étiré (contraction excentrique) avant de pouvoir effectuer son raccourcissement (contraction concentrique). Les athlètes performants dans ce domaine sont en général les plus **alertes** (vivacité, coordination). Cette notion nous est particulièrement chère, elle sera régulièrement développée dans cet ouvrage.

Aller plus loin dans la force

FORCE MAXIMALE CONCENTRIQUE

Prenons comme exemple le mouvement du développé couché. Le groupe musculaire principalement impliqué est composé du grand pectoral, du deltoïde antérieur et du triceps brachial. Ils exercent tous une contraction concentrique.

> Selon Weineck, « la force maximale [concentrique] est le maximum de force que puisse déployer le système neuromusculaire pour une contraction maximale volontaire ».

Dans ce cas de figure, la force maximale correspond à 1 RM (une répétition maximale). Ceci signifie que le mouvement est effectué avec la charge maximale qui peut être déplacée une seule fois (au cours d'une seule répétition). Ce mouvement met donc en action un nombre maximum de fibres musculaires au sein du même muscle. De manière plus précise, ceci correspond au plus grand nombre d'unités contractiles qui soient recrutées au sein du même muscle afin de permettre le rapprochement des insertions musculaires. On parle alors de force maximale volontaire ou force maximale concentrique pour effectuer une répétition.

FORCE MAXIMALE ISOMÉTRIQUE

Elle est mise en jeu lors des exercices statiques. Dans l'exemple du développé couché, elle intervient lorsque l'effort consiste à maintenir la barre la plus lourde possible dans une position statique. Elle correspond donc au recrutement d'un nombre maximum d'unités contractiles (sarcomères) au sein du même muscle afin de produire la plus grande tension statique.

Force maximale excentrique

Lors du développé couché, la force excentrique est mise en jeu lorsque le sportif descend la barre. La force maximale excentrique est déterminée par la charge maximale qui peut être retenue, freinée pendant la descente. C'est donc la plus grande tension musculaire que le muscle peut subir avant sa rupture lors de son allongement.

Force absolue

La force maximale présentée au paragraphe précédent est aussi appelée force maximale volontaire, c'est-à-dire qu'elle représente le maximum que la volonté peut générer. Cependant, la force maximale est limitée par un cadre physiologique : des sortes de **verrous** qui permettent de préserver les muscles et les articulations et donc d'éviter les lésions. Si le muscle se contracte sans ces garde-fous, cela pourrait causer des déchirures, des lésions tendineuses ou ligamentaires. En effet, les muscles peuvent physiquement aller au-delà de ce seuil. Il existe donc des réserves de force en plus de la force maximale.

La force absolue est donc la somme de la force maximale volontaire et des réserves de force. Elle peut être atteinte dans des conditions particulières : danger de mort, hypnose, dopage. Il est possible que ces situations fassent sauter les verrous chez certaines personnes. Les muscles développent alors pleinement leur force.

Exemple

La différence entre force absolue et force maximale est appelée déficit de force. Il est en moyenne de :

- 30 % chez les sujets non entraînés ;
- 10 % chez les sujets entraînés.

L'entraînement permet donc de diviser par trois le déficit de force. L'entraînement à lui seul suffit ainsi à réduire significativement l'écart entre force maximale volontaire et force absolue.

Important : la force maximale **ne sera pas exploitée dans cet ouvrage**. En tant que qualité « reine », elle nécessite le recours à des procédés méthodologiques inadaptés au regard de cet ouvrage avant tout « pratique ». En outre, les temps de récupération beaucoup trop longs associés au « tonnage » nécessaire à sa pleine exploitation rendaient son utilisation impossible. Nous vous invitons à solliciter cette qualité en dehors des programmes présentés plus loin, en effectuant des **cycles successifs** (encadrés par un professionnel) de 3 à 4 semaines au maximum.

Vitesse : l'étincelle de la force

La vitesse est une qualité **fondamentale** dans la plupart des activités sportives. Elle est essentielle dans les activités chronométrées (en athlétisme, ski, natation), dans les sports collectifs, ainsi que dans les sports de combat ou les duels qui nécessitent d'être plus véloce que son adversaire.

L'accélération est l'augmentation de la vitesse au cours du temps. Le schéma suivant nous renseigne plus précisément sur la combinaison de la force et de la vitesse.

À chaque **départ** d'une action intense ou extrême, nous retrouvons ce que nous aimons appeler la « **force explosive** » : une phase nécessitant la plus forte expression de la force en un temps le plus court possible. C'est le départ en sprint, la feinte puis la projection en judo, le départ en « Dead Start » d'un « Kettlebell Snatch », par exemple.

Au fur et à mesure de l'accélération, la force devient moins importante : le corps (ou l'engin) est lancé et bénéficie de l'élan initial. Telle une voiture ne pouvant démarrer en cinquième vitesse, le passage en « première » représenterait la pure force explosive. Une fois le véhicule lancé, il devient plus facile à déplacer et peut enfin prendre sa vitesse maximale.

Précisions importantes

La mise en mouvement du corps, au tout départ de l'accélération, correspond à des contractions musculaires d'intensités maximales pour un mouvement simple. On parle alors de **vitesse gestuelle** ou encore acyclique. **Vous retrouverez bien évidemment ce type de sollicitation dans cet ouvrage !**

Cette dernière correspond à l'accélération brutale lors de la mise en action : la vitesse que l'on met spontanément pour démarrer un mouvement dynamique (exemple : « Box Jump »).

Le travail de la force maximale et de l'explosivité sont donc des moyens judicieux et cohérents afin d'améliorer tous les sports à fortes dominantes d'accélérations (golf, tennis, boxe, lancers athlétiques).

En revanche, la vitesse maximale, aussi appelée vitesse cyclique, correspond au nombre maximal de mouvements exécutés par unité de temps. Elle implique une grande qualité de puissance musculaire pour maintenir (soutenir) la plus haute vitesse possible. On parle aussi de vélocité, de vitesse cyclique. **Vous retrouverez ce type de sollicitation essentiellement lors des mouvements pratiqués avec les kettlebells**.

La vitesse maximale sollicite les qualités énergétiques des muscles afin de résister à la fatigue. Lorsque les limites de fatigabilité des muscles sont atteintes, il y a décélération. Le risque de blessures est fortement probable lorsque les pratiquants continuent le mouvement à une intensité maximale malgré l'apparition de cette fatigue musculaire. Ceci est d'autant plus vrai lors de la pratique de mouvements très techniques (dans l'haltérophilie par exemple).

La combinaison de la force et de la vitesse constitue donc la puissance. Cette dernière est d'ailleurs définie mathématiquement comme étant le **produit** des deux.

Pour résumer, il a été décrit précédemment que la force prédomine par rapport à la vitesse au démarrage du mouvement. Lorsque la charge à déplacer est accrue, c'est la force explosive qui domine. Dans le cas de charges très élevées, c'est finalement la force maximale qui intervient (*cf.* Letzelter 1975, 136).

Mieux comprendre les paramètres influençant la force musculaire

La force musculaire est conditionnée par différents paramètres directement liés à la **structure** et au **fonctionnement** du muscle. Ces facteurs sont la structure du muscle, son architecture, sa stimulation nerveuse et la coordination des unités motrices, ainsi que sa composante élastique.

Intervient aussi la coordination intermusculaire, c'est-à-dire l'action synergique de différents groupes musculaires lors de la réalisation d'un mouvement.

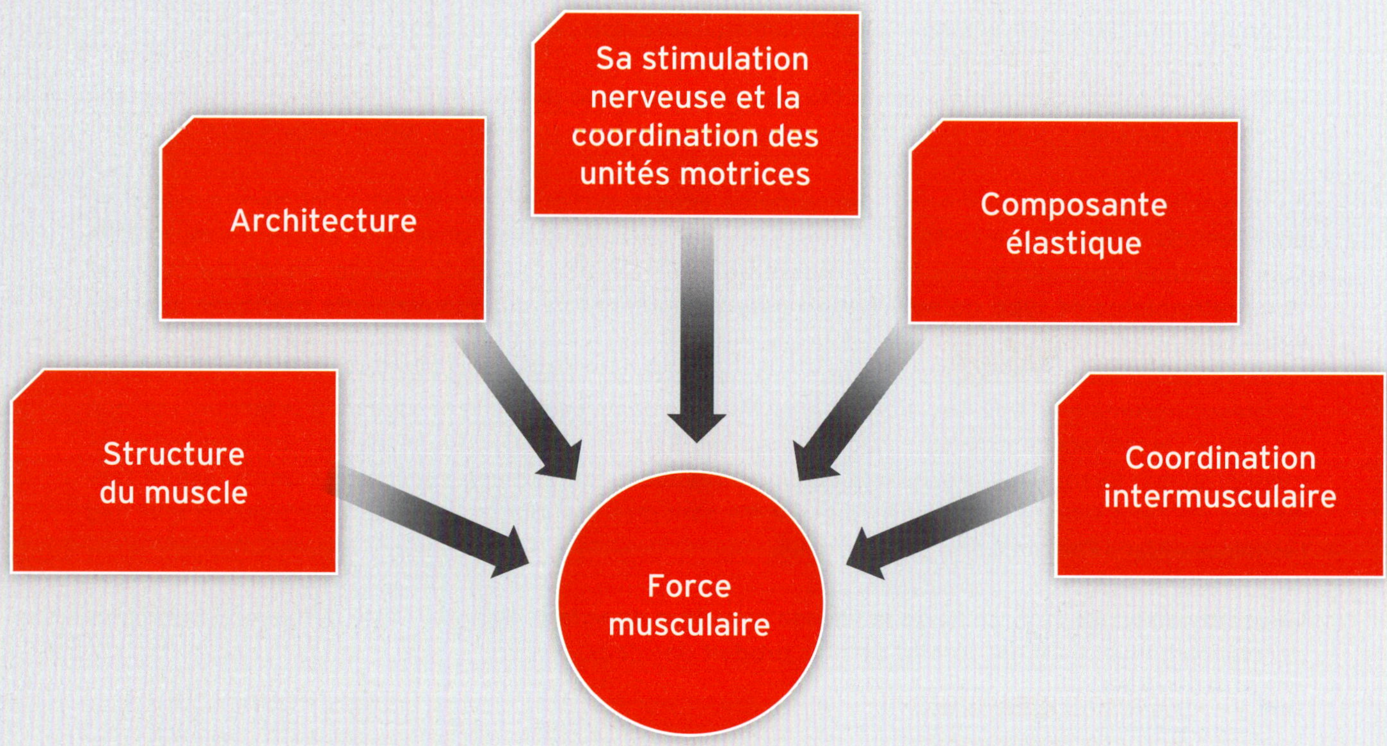

Base anatomique du muscle

Ce sont les facteurs qui touchent à la composition même du muscle, comme le type de fibres, les myofibrilles ou encore les enveloppes musculaires. La force du muscle dépend surtout de la taille de sa section transversale, c'est-à-dire de son volume. Plus ce dernier est important, plus la surface transversale est importante, plus sa force sera importante.

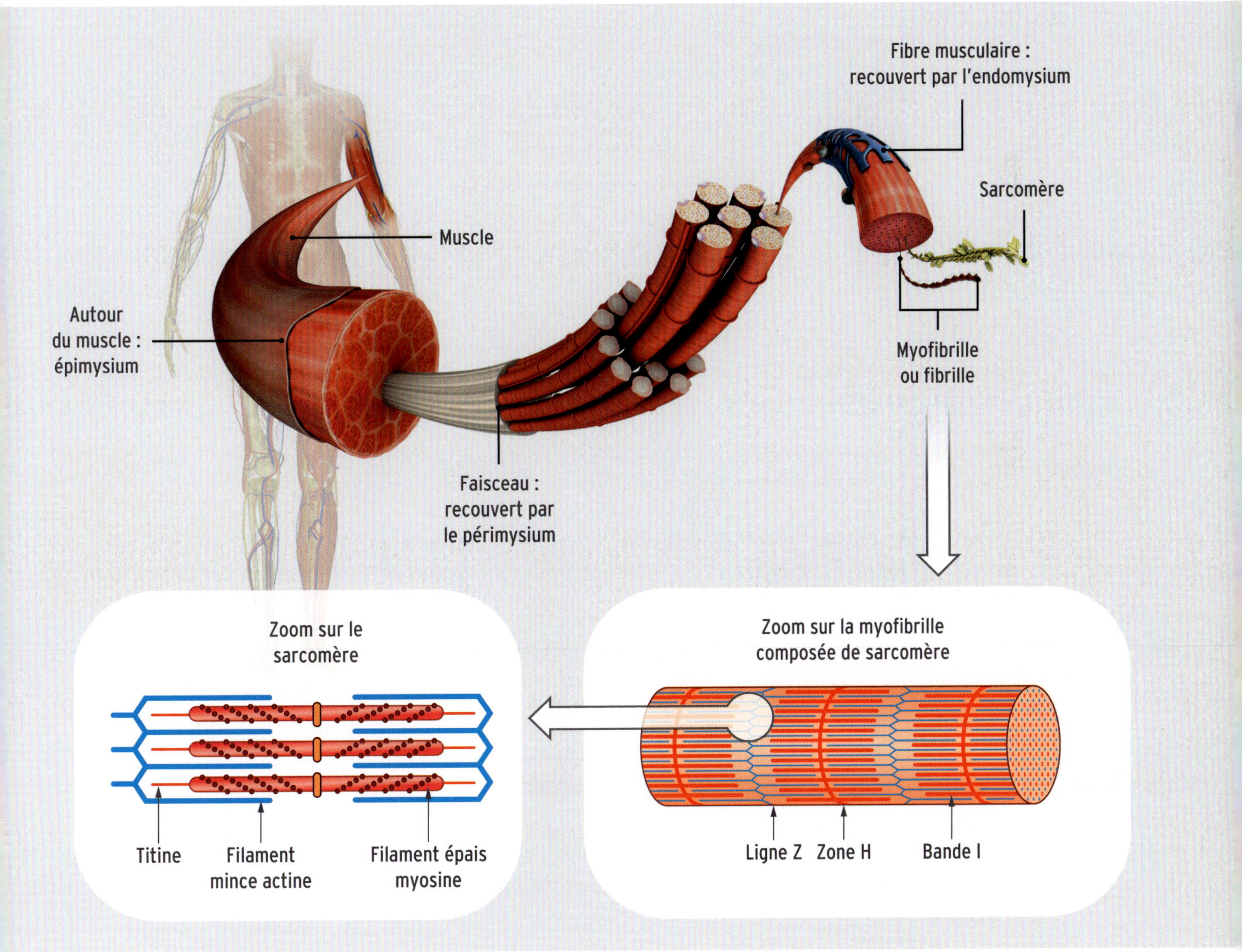

Modèle de Hill pour décrire la contraction musculaire

La contraction du muscle se décrit selon le modèle de Hill, qui assimile le muscle à un système mécanique formé de trois **composantes** : une composante contractile associée à une composante élastique en parallèle et une composante élastique en série.

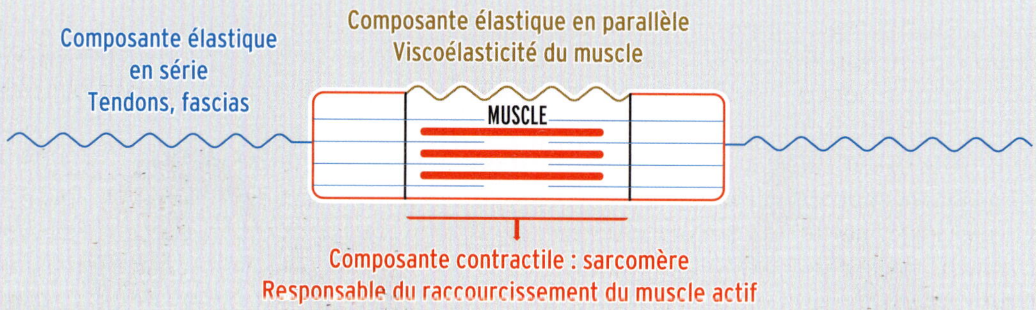

- » La composante contractile (CC) : production de force générée par les sarcomères. Ces derniers sont les éléments actifs de la contraction musculaire. Ce sont eux qui se raccourcissent et consomment l'énergie utilisée.
- » La composante élastique en série (CES). L'élasticité est la propriété d'un objet à revenir à sa forme initiale après avoir été étiré, et ce sans énergie. La CES est due aux tendons.
- » La composante élastique parallèle (CEP) : il s'agit de l'élasticité des tissus conjonctifs qui entourent le muscle et les fibres musculaires (fascias, épimysium, périmysium et endomysium) et du sarcolemme.

La contraction musculaire se compose donc de deux grandes fractions : une fraction élastique, passive, qui tend à raccourcir le muscle sans énergie ; et une fraction active, génératrice de force, qui permet la contraction.

Relation entre force et longueur du sarcomère

Il existe une relation entre la force du muscle et sa longueur. La longueur du muscle résulte de la combinaison de deux facteurs :

- » Un facteur de tension **active** (qui demande de l'énergie) : longueur de chaque sarcomère dans le muscle.

» Un facteur de tension **passive** (ne demandant pas d'effort) qui dépend des propriétés viscoélastiques du muscle.

Tension active

Il existe une relation entre la force et la longueur du muscle actif, c'est-à-dire lorsqu'il est stimulé et génère une tension. Cette tension est dite active. Elle varie en fonction de la longueur à laquelle le muscle se trouve au moment où il entre en action. Elle est le résultat de la force développée par l'ensemble des **sarcomères** qui composent le muscle à ce moment-là. La force développée par un sarcomère dépend de la force de chaque pont d'union actine-myosine, mais aussi du nombre de ponts d'union formés.

Il existe une longueur musculaire optimale au déploiement de la force, correspondant au maximum de force que le muscle peut développer dans des conditions isométriques. Cette longueur représente l'endroit où peut se former un maximum de ponts d'union entre les myofilaments contractiles, ce qui donne la plus grande force possible pour le raccourcissement du sarcomère. Si le sarcomère est plus long, il y a moins de surface de chevauchement. Moins de ponts d'union sont possibles, ce qui fait moins de « points d'attache » pour permettre le glissement de l'actine sur la myosine et donne moins de force au sarcomère. Lorsque le chevauchement est impossible (vers 3,5 micromètres de long), la force active que le muscle peut générer est nulle. Cette partie de la courbe est qualifiée de « descendante ».

Tension passive

Plus le muscle au repos est allongé, plus il résiste à l'étirement, sans dépense énergétique supplémentaire. Ceci est appelé la tension passive. Cette augmentation de tension passive lors de l'étirement serait due à une protéine élastique qui attache les myofilaments de myosine aux stries Z : la connectine ou titine. Contrairement à la force de tension active, elle est nulle en dessous de la longueur optimale et augmente jusqu'à un maximum correspondant au maximum d'allongement que peut supporter le sarcomère sans qu'il y ait de rupture du cytosquelette.

L'élasticité du muscle est sa propriété de pouvoir répondre à une contrainte par une déformation puis de revenir à sa forme initiale. La viscosité est la propriété d'un liquide à résister à l'écoulement. Dans le muscle, elle correspond au fait que plus l'étirement est rapide, plus la résistance à l'étirement sera élevée. Ces deux processus permettent au muscle de résister à un étirement naturellement, sans dépense énergétique, d'où le terme de tension « passive ». Le muscle est donc qualifié de viscoélastique : il est composé à la fois d'éléments visqueux et d'éléments élastiques.

Contrôle de la force : le système nerveux

SYSTÈME NERVEUX CENTRAL (SNC)

Il se compose de l'**encéphale** et de la **moelle épinière**. Il est le centre de régulation et d'intégration des informations qui proviennent de l'environnement (*via* les cinq sens) et du corps lui-même (proprioception : position dans l'espace, position des membres par rapport à l'axe du corps et informations physiologiques : fréquence cardiaque, fréquence respiratoire, pression artérielle).

Remarque : encéphale = cerveau + cervelet + bulbe rachidien

SYSTÈME NERVEUX PÉRIPHÉRIQUE (SNP)

Il est le prolongement du SNC, il est constitué des nerfs (« regroupement d'axones »).
Les nerfs acheminent les informations entre les muscles et le SNC :

- Les nerfs crâniens sont issus de l'encéphale.
- Les nerfs spinaux ou rachidiens sont issus de la moelle épinière.

Fonctions du système nerveux

L'information transite *via* les nerfs dans deux sens :

- **Dans le sens des muscles vers le SNC : c'est la voie sensitive ou afférente**

Elle transporte les informations provenant des récepteurs sensoriels, situés dans la peau, les muscles, les viscères jusqu'au SNC.
Son rôle est d'informer le SNC sur la position du corps, l'étirement des muscles, la vue, les odeurs…

- **Dans le sens du SNC vers les muscles : c'est la voie motrice ou efférente**

Elle transmet aux muscles les messages nerveux provenant du SNC.
Son rôle est de contrôler la contraction des muscles pour déclencher une réponse motrice adaptée pour l'exécution du mouvement.

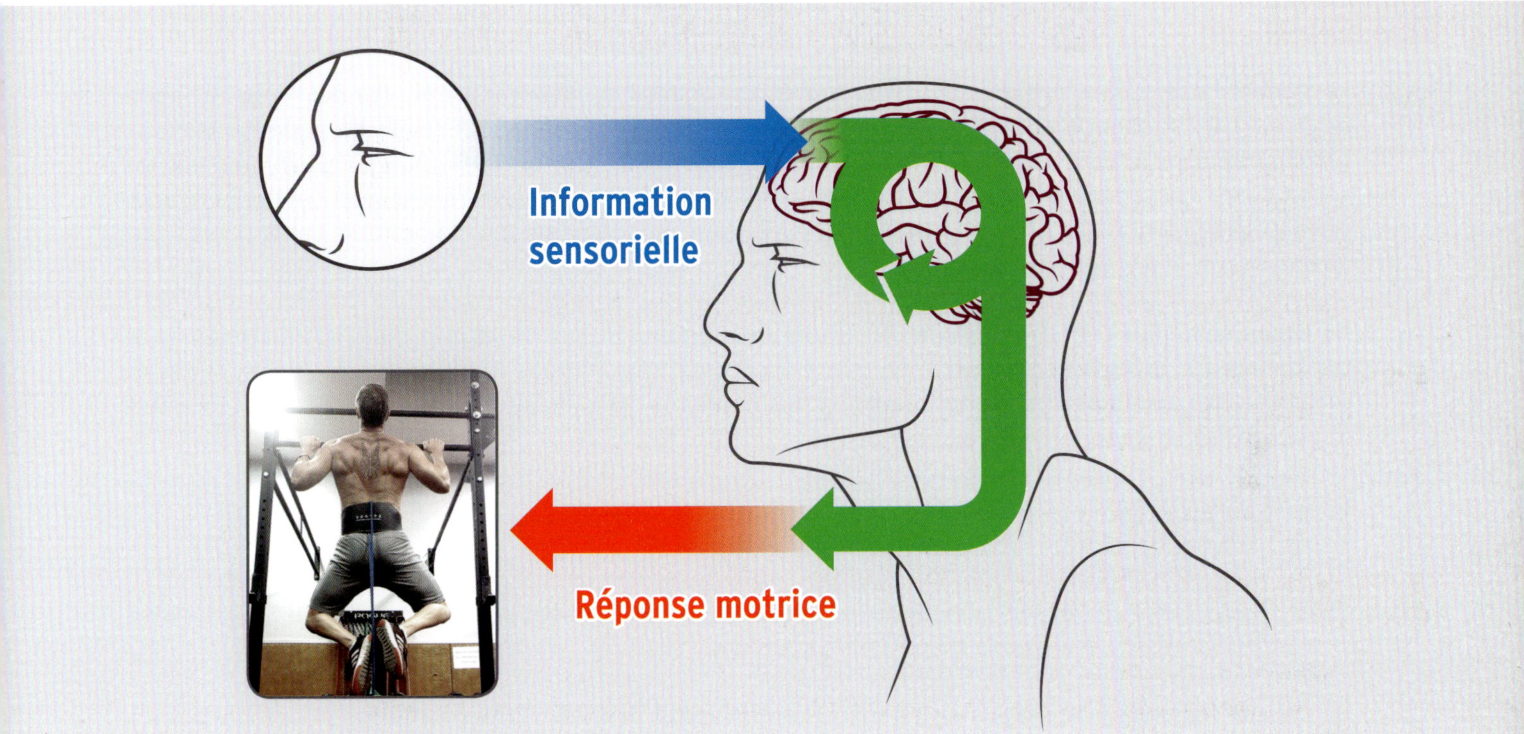

1. Le système nerveux central de l'athlète :
   - Prend la décision du mouvement et planifie le mouvement.
   - Reçoit en parallèle les informations sur la position du corps lors d'une traction, évalue la position de la kettlebell… *via* des millions de récepteurs sensoriels : voie sensitive afférente.

2. Le système nerveux central intègre toutes les informations sensorielles reçues et détermine les messages à transmettre aux muscles nécessaires au mouvement.

3. Le système nerveux transmet des messages aux effecteurs (muscles), ce qui provoque une réponse motrice. C'est la voie motrice efférente.

Le rôle du système nerveux est donc de recevoir des informations, de les intégrer et de renvoyer des messages aux différents organes du corps, notamment les muscles, pour permettre à l'organisme d'interagir de façon adaptée à son environnement. Dans l'exemple de la traction, il s'agit de recevoir des informations sur la position du corps et de contrôler une action adaptée des muscles.

Neurone

Le système nerveux assure tous ces rôles grâce aux cellules qui le composent : **les neurones.** Chaque neurone est capable de recevoir, intégrer et transmettre des messages. L'activité du système nerveux résulte donc de l'activité de tous les neurones qui le composent. Ces cellules ont la particularité d'agir en réseau dans le système nerveux central ou de commander les muscles, les glandes et d'autres organes dans le système nerveux périphérique. Chaque neurone est composé des éléments suivants : corps cellulaire, axone et terminaisons synaptiques.

Le corps cellulaire est l'élément qui reçoit des messages nerveux de la part d'autres neurones, puis qui les intègre. **L'axone** est la fibre nerveuse, c'est par cet élément que le neurone transmet son propre message. **Les terminaisons synaptiques** sont les éléments de transmission de message nerveux entre le neurone et un autre neurone ou un muscle.

Il existe plusieurs types de neurones :

» Les neurones qui sont entièrement dans le SNC.
» Les neurones qui transmettent des messages sensoriels vers le SNC : neurones sensitifs.
» Les neurones qui sont connectés aux muscles et qui envoient les informations du SNC vers les muscles : motoneurones ou neurones moteurs.

Lorsque le motoneurone est activé, il transmet un message nerveux *via* ses terminaisons synaptiques à l'ensemble des fibres qu'il innerve. Ce message est le même pour chaque fibre innervée. Il arrive donc au niveau des jonctions neuromusculaires et active la contraction des fibres.

Lorsque qu'un motoneurone émet ses potentiels d'action, toutes les fibres musculaires qu'il innerve se contractent en même temps : elles se raccourcissent et s'élargissent.

Force musculaire et recrutement des unités motrices

Plus le nombre d'unités motrices recrutées (c'est-à-dire activées) est grand, plus le muscle est stimulé et plus il développera une force importante. Cependant, toutes les unités motrices d'un muscle ne sont pas recrutées en même temps. Les deux facteurs qui interviennent dans la vitesse de réaction d'une unité motrice :

» Taille de l'axone du motoneurone.
» Type de fibres innervées par le motoneurone (voir types de fibres).

Influence de la taille du motoneurone

Une même stimulation de la part du système nerveux central recrute les petits motoneurones avant les grands. Ainsi, au cours d'une activité motrice de plus en plus puissante, les motoneurones sont recrutés suivant l'ordre de leur taille : **les petits motoneurones sont toujours recrutés avant les grands**. Il n'est pas possible d'activer un grand motoneurone si l'on n'a pas activé, au préalable, tous les petits motoneurones.

De plus, les gros motoneurones innervent plus de fibres que les petits. Donc, une unité motrice innervée par un gros motoneurone, lorsqu'elle est activée, stimule plus de fibres dans le muscle. Il y aura donc plus de force développée.

Influence du type de fibres musculaires

Les fibres ont des seuils de recrutement différents, c'est-à-dire qu'elles ne répondent pas toutes de la même façon à une même stimulation par un même message nerveux.

- Les fibres de type I ont un seuil de recrutement bas : c'est-à-dire qu'il suffit de petits influx nerveux pour les stimuler.
- Les fibres de type IIa ou IIx ont des seuils de recrutement élevés : il faut des influx nerveux d'intensité plus importante pour les stimuler.

Conclusion : impact des deux facteurs (taille et type de fibres) sur la force

Les unités motrices de type I sont composées de petits motoneurones qui innervent des fibres de type I. Elles sont donc stimulées par des influx nerveux de petite intensité qui ont des vitesses lentes et elles développent des forces faibles. Donc, lors d'un exercice de faible intensité (par exemple, la marche ou le fait de se maintenir en position debout), ce sont les unités motrices de type I qui sont principalement recrutées.

Les unités motrices de type II sont composées de gros motoneurones qui innervent des fibres de type IIa ou IIx. Elles sont donc stimulées par de plus fortes intensités mais avec des vitesses rapides. Elles développent des forces plus importantes. Donc, lors d'un exercice de plus forte intensité, les unités motrices de type IIa puis de type IIx sont recrutées et permettent de développer des forces plus importantes. Ce sont elles qui sont utilisées pour les mouvements de puissance ou de force maximale.

Synchronisation du mouvement et force développée

Coordination intramusculaire : synchronisation des unités motrices au sein d'un même muscle

Autre principe de recrutement des unités motrices, l'application de l'adage « l'union fait la force ». Il s'agit de la **synchronisation** des unités motrices (UM) pour augmenter la force développée par le muscle. Toutes les fibres musculaires d'une même UM sont activées en même temps, car elles sont innervées par le même motoneurone. Mais plusieurs unités motrices sont nécessaires pour la réalisation d'un mouvement. La force développée par le muscle à un instant T est donc la résultante de l'activité de toutes les unités motrices de ce muscle : on dit qu'il y a sommation des unités motrices. Ce phénomène est de deux types : sommation spatiale et sommation temporelle.

Sommation spatiale

La sommation spatiale des UM est le recrutement simultané de plusieurs UM réparties dans le muscle, c'est-à-dire l'activation de plusieurs UM en **même temps au sein d'un même muscle**, ce qui excite plusieurs groupes de fibres musculaires. Chaque UM excite plusieurs fibres musculaires dans le muscle. Plus il y a d'UM recrutées au même moment, plus le nombre de fibres musculaires stimulées est grand. Lorsque toutes les UM sont recrutées, un maximum de force est atteint, ce qui correspond à la limite physiologique du muscle.

Sommation temporelle des unités motrices

La sommation spatiale n'est pas suffisante pour atteindre la force maximale du muscle. Le recrutement temporel d'une même UM intervient donc. La sommation temporelle correspond à **l'augmentation de la fréquence** de décharge du motoneurone afin de provoquer un accroissement de la tension de la même UM. En d'autres termes, une même UM est activée plusieurs fois d'affilée dans un très court intervalle de temps.

Impact de la coordination intramusculaire sur la force

La sommation spatiale est en réalité le premier phénomène qui entre en jeu lors de la contraction musculaire. Comme dit précédemment, elle permet d'atteindre 80 % de la force maximale. La sommation temporelle intervient ensuite et permet d'atteindre cette dernière.

La contribution relative de chacun de ces processus varie selon les muscles. Dans certains muscles (par exemple, les muscles de la main comme l'*adductor pollicis* ou les fléchisseurs dorsaux interosseux), toutes les UM sont probablement recrutées (sommation spatiale) quand la force atteint les 50 % de la force maximale. En revanche, dans d'autres muscles (par exemple, le *biceps brachii*), le recrutement des UM continue jusqu'à 85 % du maximum de force (Kukulka et Clamann, 1981). Au-delà, l'augmentation de force du muscle est liée à l'augmentation de la fréquence de décharge (recrutement temporel).

Coordination intermusculaire

Le mouvement demande la synergie musculaire. C'est la contraction coordonnée d'un muscle ou groupe de muscles, dits agonistes, associée au relâchement d'un muscle ou groupe de muscles dont l'action s'opposerait au mouvement (muscles antagonistes). La coordination intermusculaire est donc la capacité d'un individu à combiner les actions de différents muscles lors du mouvement.

Pour améliorer la synergie musculaire, il faut travailler sa technique et donc la répétition du mouvement. Pour s'orienter vers des mouvements puissants ou explosifs, il faut nécessairement, au préalable, la capacité de coordonner les mouvements. Sans cela, le risque de blessure est augmenté et le mouvement perd en qualité (*cf.* l'endurance de force, p. 30).

La coordination des mouvements se fait en effet grâce à l'apprentissage. Cette dernière est elle-même amenée par la répétition. Par exemple, la marche est un processus acquis qui demande la synergie d'un grand nombre de muscles. C'est avec l'expérience que l'enfant apprend à marcher. Il en est de même pour des mouvements précis. La coordination intermusculaire trouve son origine au niveau du cerveau. Les neurones du système nerveux central enregistrent les différentes expériences (lors de l'entraînement) et s'organisent afin de stimuler plus précisément les motoneurones.

Réflexe myotatique

Le réflexe myotatique au sens strict se définit comme la contraction d'un muscle en réponse à son propre étirement. Le terme « réflexe » est attribué, car il n'y a pas d'intervention de la conscience : ce phénomène est complètement involontaire et est présent dès la naissance (il est inné). Ceci se traduit par le fait que plus le muscle est étiré, plus il se contracte en retour. Le mécanisme impliqué est représenté par cette figure.

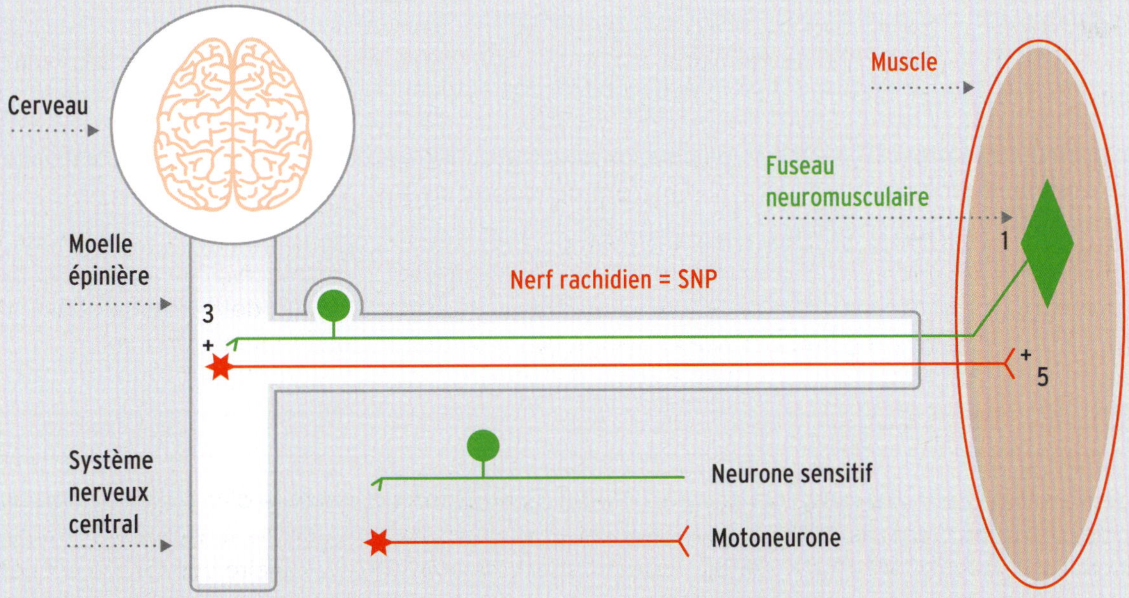

1. L'étirement du muscle est capté par les fuseaux neuromusculaires dispersés parmi les fibres musculaires. Ils traduisent ce signal mécanique en signal électrique, qui sera le message nerveux. Plus l'étirement est fort, plus le message nerveux envoyé par les fuseaux est intense.
2. Le message nerveux, signal électrique, est transmis par les neurones sensitifs, du muscle vers la moelle épinière.
3. Les neurones sensitifs excitent les neurones moteurs. Plus le message porté par les premiers est intense, plus l'excitation des seconds est forte.
4. Les neurones moteurs transmettent le message nerveux vers le muscle.
5. Les neurones moteurs excitent les fibres musculaires. Plus le message nerveux transmis est important, plus l'excitation des fibres est grande, plus le muscle se contracte.

Remarque : il existe une autre voie associée à celle qui est représentée, qui permet dans le même temps d'inhiber la contraction des muscles antagonistes à celui qui va se contracter.

Le réflexe myotatique intervient au quotidien et à chaque instant, pour chaque muscle, dans le maintien de la posture. C'est par exemple lui qui permet de maintenir la tête droite pendant que vous lisez ces lignes. La gravité tend à faire tomber la tête, ce qui crée des microétirements des muscles du cou, avec en réponse leur contraction pour lutter contre la gravité.

Ce phénomène est impliqué lors de l'impulsion permettant un saut. Dans la prise d'élan, lorsqu'il y a flexion, il y a étirement des muscles agonistes, avec stimulation des fuseaux neuromusculaires et donc du réflexe myotatique. Ce dernier est en conclusion l'un des acteurs de l'explosivité.

Ce mécanisme a cependant une limite : les fuseaux neuromusculaires ont une durée limitée d'activation. En cas d'étirement prolongé du muscle, ils finissent par cesser de s'activer. Ce phénomène est appelé l'accommodation.

Endurance musculaire : la meilleure alliée de la force !

Le travail de l'endurance de force a pour objectif de favoriser la coordination intermusculaire. C'est une première étape nécessaire, car une fois la technique de mouvement acquise, il y a possibilité d'évoluer vers les programmes de puissance et d'explosivité.

L'endurance est capitale dans les mouvements de force-vitesse. Prenons l'exemple de la boxe ou de l'escrime : dans ces sports, des mouvements provenant des extrémités des membres doivent être répétés plusieurs fois à haute vitesse tout en maintenant un degré de force approprié. Une bonne qualité endurante permettra de maintenir cette haute intensité. L'endurance dépend essentiellement de la capacité de récupération des muscles impliqués dans l'effort.

L'endurance est considérée comme la « faculté d'effectuer pendant longtemps une activité quelconque sans qu'il y ait une baisse de son efficacité » (Zatsiorsky, *Les qualités physiques du sportif*, Culture physique et sport, Moscou, 1966). On peut parler de différents types d'endurance (Monod et Flandroi) :
Endurance générale : elle sollicite plus de deux tiers de la masse musculaire dont l'adaptation est stable, durable et transférable.
Endurance locale : elle sollicite moins d'un tiers de la masse musculaire dont l'adaptation est locale au niveau du système sollicité.

On distingue trois types d'endurance :
L'endurance à court terme : elle est généralement sollicitée lorsque l'effort physique dure entre 45 secondes et 2 minutes. Votre corps a alors recours principalement à la libération d'énergie anaérobie afin de réaliser l'effort requis.

L'endurance à moyen terme : votre corps fait ici appel à l'énergie aérobie. L'endurance à moyen terme correspond aux efforts physiques d'une durée allant de 2 à 8 minutes.

L'endurance à long terme : elle concerne les activités d'une durée supérieure à 8 minutes, qui requièrent un apport d'énergie aérobie. En raison des exigences différentes auxquelles est soumis votre métabolisme, par exemple durant un effort physique de 30 minutes et un autre de 120 minutes, ce type d'endurance pourrait lui aussi être divisé à son tour. Mais pour l'instant, restons-en là.

Gardez à l'esprit que l'intensité diminue à mesure que la durée de l'effort physique augmente. Par exemple, lorsque vous effectuez des burpees ou des sprints, vous n'êtes pas en mesure de maintenir une vitesse maximale plus de quelques minutes. À l'inverse, avec une intensité plus faible (fréquence cardiaque moins élevée) et une allure allant de lente à modérée, cette durée augmente.

Force-endurance et endurance de force

D'après Harre (1976), la force-endurance est la capacité que possède l'organisme à résister à la fatigue lors d'un exercice de force de longue durée. Or, si l'endurance joue un rôle primordial dans la plupart des sports, elle s'exprime de manière différente selon la pratique sportive. Il existe une distinction entre force-endurance et endurance de force :

- La force-endurance signifie littéralement : « mettre de la force dans l'endurance en musculation. » Elle est mise en œuvre pour des charges supérieures à 50 % de la 1 RM.
- L'endurance de force implique que l'endurance prime sur les efforts de force. Elle implique de travailler sur des charges inférieures à 50 % de la 1 RM, ce qui permet d'effectuer un grand nombre de répétitions.

Cette distinction est théorique. Nous nous intéressons ici essentiellement à l'endurance de force qui est l'essence et le début de la pratique sportive. Deux modalités de mise en jeu de l'endurance de force existent :

- Le maintien d'un certain niveau de contraction le plus longtemps possible. Exemple : la position dite « de la chaise » (pour le quadriceps) ou la position de suspension à une barre, les bras fléchis.
- Le plus grand nombre de répétitions d'un mouvement donné. Exemple : le plus grand nombre de tractions, de Kettlebell Swings...

Avantages du développement de l'endurance de force

- Amélioration de la capacité de performance physique.
- Amélioration de la récupération : le sportif entraîné élimine plus facilement les éléments toxiques résultants de la fatigue, ce qui permettra à long terme des programmes plus intensifs et donc une participation plus active dans la catégorie sportive pratiquée.
- Réduction des risques de lésions : les sportifs entraînés font face à des risques de blessure amoindris par rapport aux non-sportifs qui se fatiguent prématurément.
- Amélioration de la tolérance de charge psychique : le sportif, entraîné à une meilleure résistance à la tension nerveuse liée à l'effort physique, surmonte mieux les échecs et se heurte moins au problème de démotivation.
- Vitesse constante d'action et de réaction : le sportif entraîné a une meilleure résistance à la fatigue, ce qui induit de meilleures vitesses de perception, d'anticipation, de décision et de réaction. Il peut donc rester concentré en conditions d'entraînement ou en compétition plus longtemps qu'un sujet non entraîné.
- Réduction des défaillances techniques : le sportif entraîné à l'endurance est plus concentré, et son taux de fautes techniques reste plus faible.
- Santé plus stable : le sportif endurant est « endurci », améliore ses défenses immunologiques et est donc moins affecté par le risque de rhume, de grippe, etc.
- Lutte contre les troubles cardio-vasculaires et les affections liées à la sédentarité.

L'endurance constitue certes une condition fondamentale de la capacité de performance physique sportive, mais elle ne doit pas être considérée sans rapport avec les exigences de chaque discipline. L'endurance est une condition fondamentale aux qualités physiques de chaque sport en général, mais elle ne permet pas une amélioration dans la spécificité du sport pratiqué. **Il faut l'associer au travail de puissance ou d'explosivité.**

Aspects physiologiques de l'endurance

Les adaptations musculaires à un entraînement d'endurance sont multiples. Elles sont notamment de type :

» Structurel : les fibres de type I et IIa sont sollicitées, ce qui entraîne une hypertrophie de type vasculaire.

» Nerveux : il y a stimulation de la coordination intermusculaire et recrutement moteur des UM.

Effets du travail d'endurance sur la circulation sanguine

Dans certaines activités comme l'escalade ou en développé couché réalisé en amplitude réduite, les contractions musculaires intenses et répétées (voire isométriques) provoquent une augmentation importante de la pression intramusculaire qui va limiter la circulation sanguine à l'intérieur du muscle. Dans cette situation, le muscle fonctionne sur ses propres ressources et ne peut pas faire appel à des apports extérieurs (glucose, glycogène, oxygène...).

À l'inverse, dans d'autres activités sportives (athlétisme, kettlebell sport...), la sollicitation musculaire met en jeu une alternance de phases de contraction et de relâchement qui favorise le débit sanguin au niveau musculaire à l'image d'une pompe à double effet :

• Lorsque le muscle se contracte, il expulse le sang en direction du système veineux.

• Lorsqu'il se relâche, cela provoque un afflux de sang dans le muscle. L'arrêt de l'exercice est plus souvent le fait d'un essoufflement généralisé.

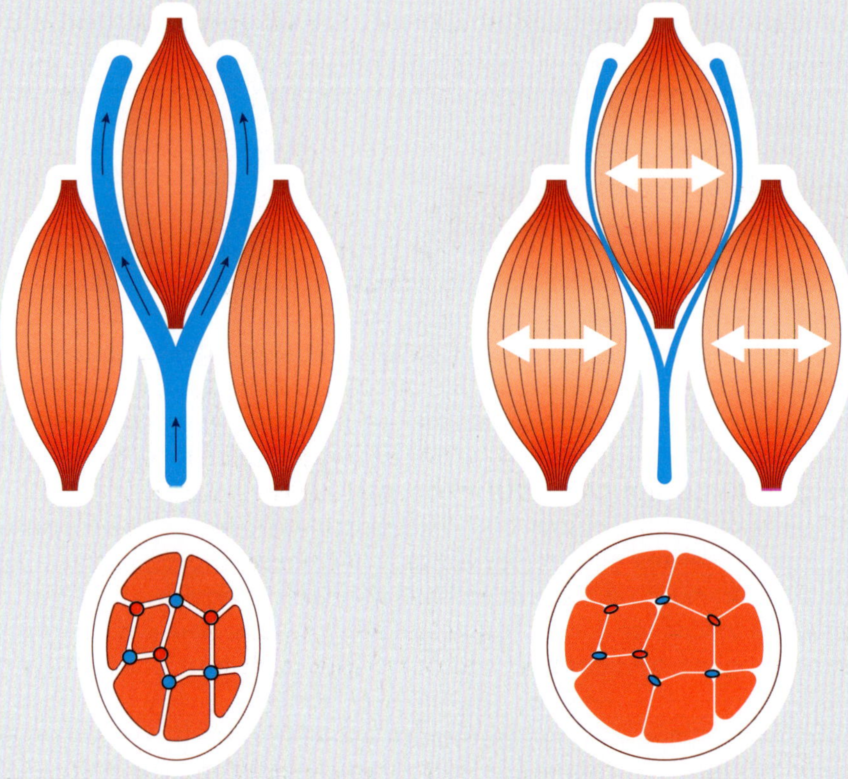

HYPERTROPHIE VASCULAIRE ET AUGMENTATION DU MÉTABOLISME MUSCULAIRE

Les muscles sont alimentés par un réseau capillaire qui leur apporte substrats énergétiques, sels minéraux et oxygène. L'hypertrophie vasculaire est l'augmentation du réseau de capillaires et de leur diamètre (vasodilatation). De plus, il y a aussi une augmentation de la taille des mitochondries (15 à 20 %). Les mitochondries sont les organites cellulaires qui utilisent le dioxygène pour produire de l'énergie. **Il y a donc une augmentation du métabolisme du muscle.**

Important : la sollicitation de l'endurance de force sera systématiquement effectuée en dernière partie de séance. Elle interviendra sur un organisme ayant déjà été fortement sollicité d'un point de vue nerveux. Afin de prévenir au maximum tous risques de blessures, les exercices les plus complexes seront souvent réalisés en série dégressive et les exercices plus faciles (souvent réalisés au poids de corps) en gamme montante.

Kettlebell : le travail ultime de la puissance

La kettlebell est née il y a plus de 300 ans en Russie, où c'est un sport national : le girevoy ou girya. Les pratiquants masculins se font appeler giverik, les pratiquantes féminines girevitchka. La kettlebell est composée d'un corps massif avec une poignée qui a la forme d'un arc fermé.

En Russie, l'entraînement à la kettlebell est un incontournable pour travailler les qualités de force, d'explosivité, de puissance et d'endurance musculaire. Mise en avant dans les années 2000 par des préparateurs physiques comme Pavel Tsatsouline, elle est devenue très populaire dans le monde. Elle est maintenant couramment utilisée dans les domaines de musculation et de sport de combat comme le CrossFit®, le cross-training et le MMA ou les différents stages de conditionnement à la survie.

Les entraînements à la kettlebell sont généralement dynamiques et complets, car ils sollicitent plusieurs groupes musculaires. Ils permettent ainsi, en étant utilisés à bon escient, une homogénéisation corporelle.

Il existe désormais en France de nombreux **stages de formation** à la pratique de cet ustensile magistrale de préparation physique et nous vous invitons à y participer avec insistance.

Différences entre haltère et kettlebell

La kettlebell est une boule de fonte avec une poignée. Le dessous est plat, ce qui lui permet d'être posée au sol sans rouler. L'haltère comporte une poignée avec des charges équivalentes à chaque extrémité, qui assurent l'application de la même force. Contrairement à l'haltère, le point d'application des forces pour la kettlebell est éloigné du centre de rotation.

Pour illustrer cela, prenons l'exemple suivant : lorsque vous positionnez un haltère les bras tendus au-dessus de la tête, la force appliquée est purement verticale. Son point d'alignement est globalement dans l'alignement du bras, on parle alors d'équilibre statique. Pour le même mouvement avec une kettlebell, les forces sont excentrées par rapport à la main et entraînent le bras vers l'arrière : ceci crée un déséquilibre qui oblige le sportif à un effort supplémentaire pour maintenir le bras à la verticale.

Ainsi, l'éloignement des forces du centre de rotation pour la kettlebell fait que les exercices réalisés avec celle-ci sont généralement plus **dynamiques** et basés sur des mouvements de balancier. Par exemple, lors d'un mouvement comme le Kettlebell Swing, la sensation est différente par rapport à celle d'un haltère. La géométrie particulière de la kettlebell entraîne le déplacement du centre de gravité de l'ensemble du bras de manière distale par rapport à l'épaule. Il faut donc vaincre l'inertie en levant la kettlebell le plus haut possible. Le mouvement étant de trajectoire circulaire, la force centripète appliquée sur la kettlebell est augmentée. En conclusion, lors du swing, plus l'objet sera lourd, rapide et éloigné du centre de rotation, plus la force nécessaire pour maintenir la trajectoire circulaire sera importante.

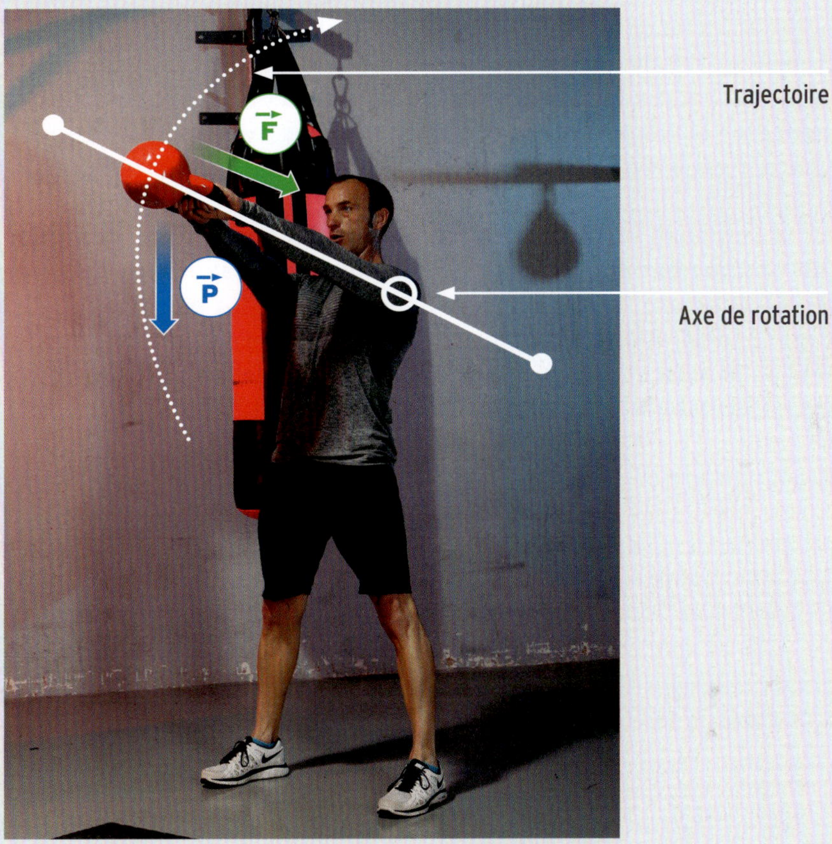

Intérêts de la kettlebell

Lake et Lauder ont montré que **les Kettlebell Swings permettent une impulsion et une production de puissances maximale et moyenne similaires à celles des squat jumps et significativement supérieures à celles des squats**. Cependant, si la force moyenne générée lors de l'exercice est inférieure à celle du squat et squat jump, une force importante est générée lors de l'impulsion pour monter la kettlebell à hauteur de poitrine. Plus la masse de la kettlebell est grande, plus sa force d'inertie est grande et plus la force à produire à l'impulsion est grande.

D'un autre côté, McGill et Marshall ont observé que les contraintes au niveau de la colonne vertébrale sont essentiellement subies au début du mouvement, lors du passage de la kettlebell entre les jambes. **La force de compression, relativement élevée lors d'exercices avec la kettlebell, ne posent pas de problème clinique particulier pour la santé de la colonne vertébrale. Ils ont également observé que la force de cisaillement était l'inverse de celle observée dans les exercices traditionnels comme le squat ou le soulevé de terre, c'est-à-dire que la vertèbre L4 se déplace vers l'arrière relativement à L5**.

Les exercices avec la kettlebell sont donc caractérisés par une extension du bassin très explosive et des contraintes de cisaillement au niveau de la colonne vertébrale différentes de celles observées dans les exercices traditionnels. Il semble alors important que les entraîneurs et préparateurs physiques prennent en considération l'historique des problèmes de santé de leurs athlètes/clients et qu'un renforcement de la musculature profonde du tronc soit réalisé avant de commencer à travailler intensivement avec la kettlebell.

McGill et Marshall ont également constaté une activation supérieure à 50 % de la contraction maximale isométrique volontaire (MVC) pour les muscles érecteurs du rachis et une activation du grand glutéal supérieure à 75 % de MVC pour les Kettlebell Swings. Zebis *et al.* ont de plus montré que le Kettlebell Swing ciblait le muscle semi-tendineux et la longue portion du biceps fémoral.

Tous les exercices avec la kettlebell présentent donc un intérêt important pour **le renforcement des chaînes musculaires postérieures, d'autant plus pour compenser les déséquilibres musculaires qui peuvent survenir et prévenir les blessures**.

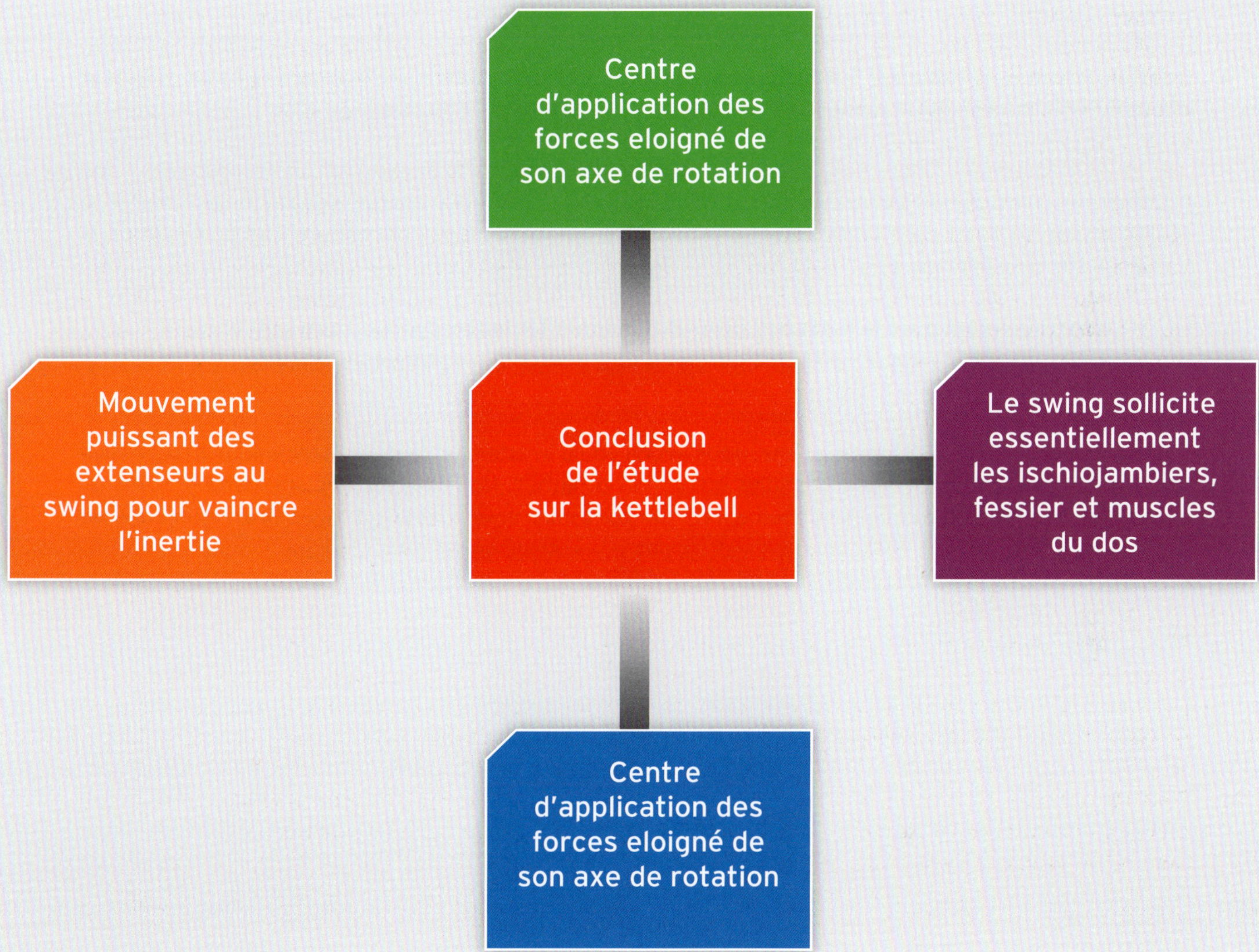
Centre d'application des forces eloigné de son axe de rotation
Mouvement puissant des extenseurs au swing pour vaincre l'inertie
Conclusion de l'étude sur la kettlebell
Le swing sollicite essentiellement les ischiojambiers, fessier et muscles du dos
Centre d'application des forces eloigné de son axe de rotation

Un entraînement spécifique avec la kettlebell produit un stimulus suffisant pour une amélioration significative de la force musculaire des membres inférieurs et des extenseurs du dos. Il est vraisemblable que l'utilisation de kettlebells d'une masse supérieure à 16 kg permettra un gain plus important (Lake et Lauder).

L'entraînement aux Kettlebell Swings permet de diminuer les douleurs de bas du dos et de nuque et d'améliorer la coordination posturale en renforçant les extenseurs du dos.

Jay *et al.* démontrent l'intérêt de l'utilisation de kettlebells dans la prévention et l'amélioration des troubles musculo-squelettiques. L'intérêt de l'utilisation d'une kettlebell est que l'entraînement peut être réalisé n'importe où et dans un minimum d'espace. De plus, il n'est pas nécessaire que la masse de la kettlebell soit trop importante.

- **L'entraînement avec la kettlebell permet d'augmenter la force musculaire** (Jay *et al.*)
- **L'entraînement avec la kettlebell permet d'augmenter la puissance musculaire**

Important : dans le cadre de cet ouvrage, nous avons voulu insister sur l'évolution technique progressive et les possibilités de combinaisons infinies qu'offre la kettlebell. Nous sommes volontairement sortis du cadre compétitif appliqué en « kettlebell sport » ou du « hard style » effectué lors des compétitions de CrossFit®.

Poids de corps et élastiques : pour une meilleure exploitation de l'explosivité

UN PEU D'HISTOIRE

Les résistances élastiques ont vu leur apparition il y a plus d'un siècle dans l'entraînement de force. Le culturiste allemand Friedrich Wilhelm Mueller (1867-1925), connu sous le nom d'Eugen Sandow, fut l'un des premiers à utiliser une résistance élastique pour ses entraînements. D'ailleurs, les bandes à élastique portent son nom : le **sandow.**

Au début du XXe siècle, la marque Whitely Exerciser popularisa *via* des publicités les élastiques promettant « Santé, force, grâce et forme » pour les enfants, les femmes et les hommes.

Plus récemment, dans les années 50, Paige Palmer (1916-2009) popularisa le fitness à la télévision. Elle conçut des équipements de sport pour les femmes, dont une bande élastique : la « Stretch Rope ». Celle-ci était vendue avec une fiche explicative qui proposait un panel d'exercices dans le but de tonifier son corps à domicile.

Dans les années 80, Louie Simmons, athlète de force américain, popularisa l'usage de la résistance élastique pour l'entraînement des athlètes de force avec des bandes plus épaisses permettant de fournir des dizaines de kilogrammes de tension.

Aujourd'hui, la résistance élastique répond à différents objectifs, comme l'augmentation de la force musculaire et l'amélioration de la condition physique. On retrouve également les bandes élastiques chez les kinés pour la rééducation. Les élastiques présentent les avantages d'être moins onéreux et plus facilement transportables que la fonte.

Les différents types de résistance

Pour comprendre les avantages du travail avec les bandes élastiques sur le développement de l'explosivité, de la force et de l'endurance, il paraît important de connaître les différents types de résistance qui permettent des adaptations neuromusculaires et musculo-squelettiques. Pendant longtemps, le travail en résistance élastique a été considéré comme source de tension équivalente à la fonte, mais qu'en est-il réellement ? Ces types de résistance sont au nombre de trois :

» **La résistance externe constante ou gravitationnelle** : elle est due à la gravité terrestre et à la masse de l'objet. La charge déplacée reste la même tout au long de son déplacement. Si vous soulevez un haltère de 10 kg avec le bras, quelle que soit la position dans l'espace de votre bras, l'haltère pèsera toujours 10 kg.

» **La résistance adaptative. Ce type de résistance est utilisé surtout en kinésithérapie avec des machines. Ces dernières** opposent une résistance au mouvement de l'athlète pour lui permettre de développer des forces maximales tout au long d'un exercice. L'isocinétisme (« iso » : égal ; et « cinéto » : vitesse) est un exemple de résistance adaptative. La résistance est adaptée grâce à une machine en fonction de la force exercée par l'athlète pour maintenir constante la vitesse choisie. Le rameur est l'exemple type de machine à résistance adaptative, car il permet de maintenir la même vitesse de mouvement à force maximale. Les résistances hydrauliques et pneumatiques (le rameur Concept 2, le Wattbike ou les machines Keiser par exemple) sont des exemples de résistance avec adaptation, même si leur classement oscillerait plutôt entre résistance avec adaptation et résistance variable.

» **La résistance variable** est une résistance dont la valeur est variable tout au long du mouvement. De manière générale, à mesure que l'athlète augmente sa force et sa vitesse (donc sa puissance), la résistance fournie par ces systèmes augmente. On retrouve dans cette catégorie les systèmes de cames et de leviers popularisés par Nautilus® et Universal®, les chaînes et les bandes élastiques. Dans le cas de ces dernières, plus celles-ci sont étirées, plus la résistance augmente. Certains articles confondent la résistance adaptative et la résistance variable lorsqu'il est question des bandes élastiques. Retenez simplement que l'élastique n'adapte pas sa résistance en fonction de la vitesse d'exécution du mouvement, mais bien en fonction de l'étirement.

Propriétés mécaniques des bandes élastiques

La plupart des bandes élastiques sont issues du latex naturel, récolté sur l'hévéa par saignées. L'élasticité est la capacité d'un matériau à se déformer plus ou moins et à revenir à sa position initiale sans dommage une fois relâché. Passé un certain seuil, le matériau subira des dommages et ne reviendra plus tout à fait à sa forme d'origine (ce sera la déformation plastique). Une trop grande déformation peut également conduire à la rupture.

Les bandes élastiques ont cette propriété de fournir une tension de plus en plus importante à mesure qu'elles sont étirées. Concernant la manière dont la résistance des élastiques augmente en fonction de l'étirement, il est commun de lire que c'est une tension croissante et linéaire. Ce n'est pas tout à fait exact.

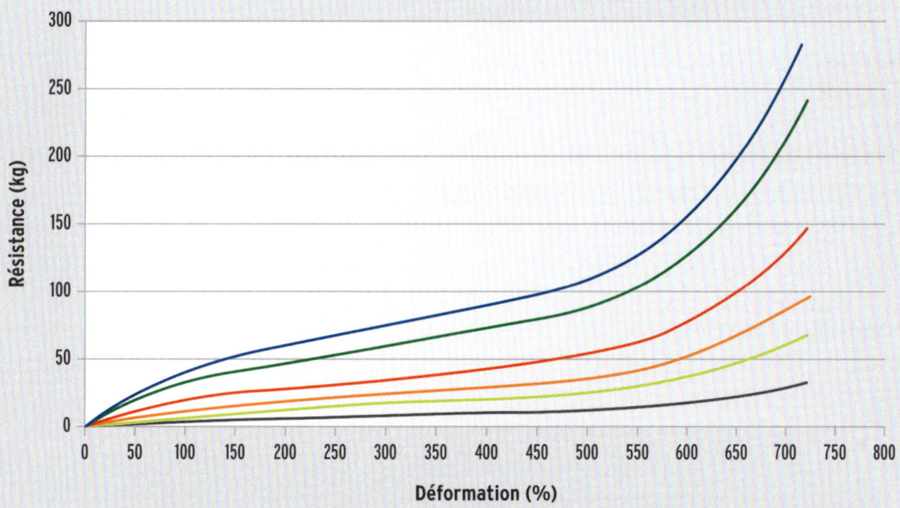

Évolution de la tension des bandes élastiques en fonction de la déformation.

Cette figure montre qu'entre 50 et 500 %, le comportement des bandes est presque linéaire, c'est-à-dire que, lorsque la bande est étirée d'au moins la moitié de sa longueur initiale de repos (50 %), la relation entre l'étirement et la tension est constante, et ce jusqu'à environ 500 % de déformation. Plus l'élastique est étiré, plus sa tension sera forte, et ce de manière proportionnelle. À partir de 500 % de déformation, la résistance augmente encore jusqu'à la rupture de l'élastique. **L'utilisation classique des bandes élastiques en musculation, fitness et préparation physique se situe généralement entre 50 et 200 %**.

Il faut également prendre en compte que l'épaisseur de l'élastique joue un rôle dans la tension. En effet, deux élastiques de longueurs égales mais d'épaisseurs différentes n'auront pas forcément la même résistance à une déformation de 100 %. Ainsi, si vous doublez une bande élastique, vous aurez deux fois plus de résistance. De même, l'addition de différentes bandes élastiques permettra d'augmenter également la résistance. Enfin, **une bande plus longue aura besoin d'un étirement plus grand pour produire une même tension**.

Intérêts de l'entraînement avec résistance élastique

RÉSISTANCE VARIABLE ET MOUVEMENTS HUMAINS

Comme expliqué précédemment, la vitesse, la force, la puissance et l'explosivité sont des qualités physiques clés dans la performance sportive. C'est ainsi que l'entraînement avec résistance élastique a été de plus en plus utilisé dans la préparation des athlètes. Avant cela, les bandes élastiques étaient principalement utilisées en rééducation et pour la remise en forme. Les types d'élastiques utilisés opposaient une très faible résistance, contrairement à ceux employés par les sportifs qui sont plus gros et qui fournissent une tension beaucoup plus importante.

Concernant la vitesse

Comme nous l'avons expliqué plus tôt, les bandes élastiques gagnent en résistance à mesure qu'elles sont étirées. Par exemple lors d'un squat, elles fourniront plus de résistance en fin de phase concentrique (c'est-à-dire en pleine extension). Et grâce à leur propriété « élastique », les bandes tendent à revenir à leur longueur initiale. Cette propriété laisse donc supposer que la phase excentrique (c'est-à-dire la flexion des jambes au squat) serait accélérée par les bandes élastiques. Cela entraînerait une augmentation de l'**énergie potentielle élastique** stockée dans les muscles, ce qui augmenterait la force développée lors de la contraction suivante, la vitesse d'exécution et donc la production de puissance.

En début de mouvement, la tension élastique permet d'accélérer le début de la descente. En fin de mouvement, l'athlète doit compenser la tension croissante par une accélération supplémentaire, ce que certains nomment l'**accélération compensatoire**.

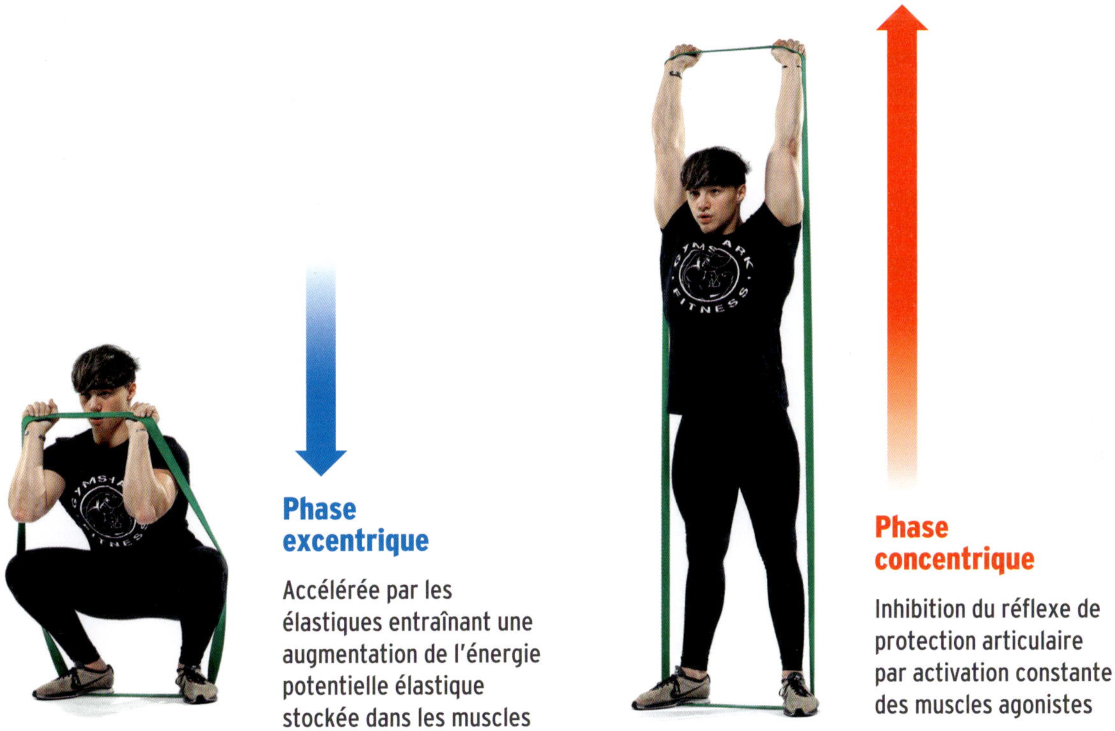

De plus, Jakubiak et Saunders (2008) ont montré que **l'entraînement avec bandes élastiques sur un mouvement sportif spécifique pouvait être bénéfique pour la vitesse d'exécution**. **Les gains de vitesse semblent vraisemblablement dus à des améliorations neuromusculaires, c'est-à-dire à des paramètres tels que le recrutement des UM, la fréquence d'activation, la coordination intramusculaire, etc.**

Enfin, plusieurs études ont observé une amélioration de **la force** à la suite d'un entraînement avec bandes élastiques ou simplement en comparant un exercice avec et sans bandes élastiques (Anderson *et al.*, 2008 ; Rhéa *et al.*, 2008 ; Bellar *et al.*, 2011 ; et Wallace *et al.*, 2006). À 85 % du 1 RM, les squats avec bandes élastiques permettaient de développer une force significativement supérieure.

Il semblerait alors qu'il y ait un pourcentage minimal de résistance variable à utiliser pour bénéficier des avantages des bandes élastiques au niveau de la force (Bellar *et al.*, 2011, et Anderson *et al.*, 2008).

Ainsi, l'élastique augmente la force et la vitesse d'exécution du mouvement. Il est donc logique qu'il ait un impact sur la puissance, qui est le produit de ces deux facteurs. Plusieurs études ont en effet démontré une puissance significativement supérieure avec l'utilisation de bandes élastiques.

L'explication la plus probable concernant le bénéfice des bandes élastiques sur la production de puissance est que l'accélération, lors de la phase de contraction, dure plus longtemps, ce qui permet une production supérieure de force, et donc de puissance. Prenons l'exemple d'un squat avec et sans élastique.

» Lors de la phase concentrique en squat (la poussée) sans élastique, un mécanisme inhibiteur de décélération important est observé sur plus de 40 % du mouvement (phénomène involontaire, mécanisme de protection articulaire) : l'élastique ajoute de la charge au fur et à mesure de son étirement. Ainsi, lors de la montée, l'augmentation de la vitesse du mouvement est accrue sur une période plus longue, ce qui permet une plus grande production de puissance, réduisant ainsi le phénomène de protection.

» Lors de la phase excentrique, le muscle est capable de stocker de l'énergie potentielle élastique (*cf.* p. 42, sur la force) et de la restituer sous forme d'énergie cinétique, ce qui facilitera la phase de poussée. Le squat avec élastique offre l'avantage d'accentuer la première partie de la phase excentrique optimisant ainsi le cycle étirement-détente.

Ainsi, l'élastique fournit une résistance qui augmente progressivement à mesure que les articulations approchent de la pleine extension (dans le cas d'un squat par exemple). Les athlètes vont donc déplacer la charge sur une période plus longue, et ainsi produire une puissance plus importante. Une fois le frein de l'élastique levé, la puissance acquise va induire une force et une vitesse plus importantes dans l'exécution du mouvement.

En conclusion, l'entraînement avec élastique permet un gain de vitesse, de force et de puissance. Il semble que ce gain soit supérieur par rapport à un entraînement classique. Il est essentiellement dû à un soulagement de la résistance lorsque le système articulaire humain est en position de faiblesse (par exemple, en bas du mouvement en squat) et à une résistance accrue lorsque le système articulaire est en position de force (c'est-à-dire proche de la pleine extension).

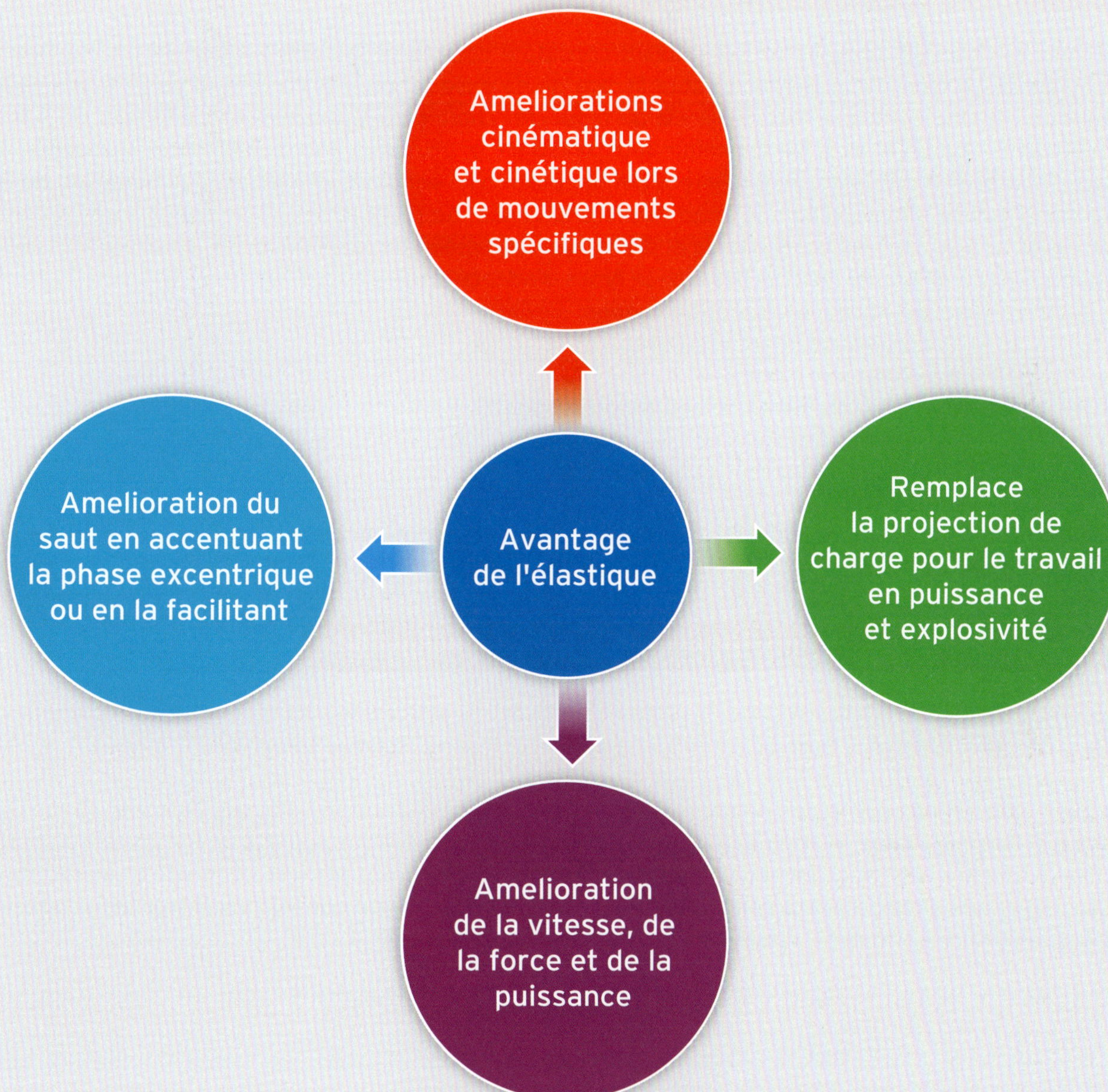
Ameliorations cinématique et cinétique lors de mouvements spécifiques
Amelioration du saut en accentuant la phase excentrique ou en la facilitant
Avantage de l'élastique
Remplace la projection de charge pour le travail en puissance et explosivité
Amelioration de la vitesse, de la force et de la puissance

Intérêt de l'entraînement au poids de corps

L'entraînement au poids de corps est souvent considéré comme la base de la musculation. L'énorme avantage de ce type d'entraînement est la facilité de sa mise en œuvre, car il peut se faire vraiment n'importe où. Une condition essentielle est de respecter l'harmonie musculaire et d'effectuer de bons mouvements : on parle alors de technique musculaire (*cf.* p. 26, sur la coordination intermusculaire). Il s'agit d'un travail d'endurance musculaire. Il permet aux moins entraînés une légère augmentation de la force ainsi qu'une augmentation de cette même endurance. Au fur et à mesure, le sportif sera capable d'être plus à l'aise avec les mouvements et d'effectuer davantage de répétitions. Ces améliorations sont engendrées par différents facteurs liés à deux types d'adaptations :

- Nerveuse, qui implique deux phénomènes:
  - La coordination intermusculaire ;
  - Le recrutement moteur.
- Structurelle, qui consiste en deux principaux aspects :
  - L'hypertrophie vasculaire ;
  - La sollicitation des fibres I et IIa.

Une fois l'entraînement en endurance au poids de corps acquis, l'intérêt sera de s'orienter vers un entraînement **explosif** qualitatif.

Entraînement au poids de corps et explosivité : **pliométrie**

Lorsqu'il s'agit de décrire l'explosivité, la référence utilisée est souvent la pliométrie (du grec « pleions » : plus grand, plus long, plus large et « metric » : mesurer, comparer, estimer, selon Wilt).

La pliométrie est un régime de contraction anisométrique (*cf.* p. 12, sur les régimes de contraction). On parle d'action musculaire pliométrique lorsqu'un muscle qui se trouve dans un état de tension est d'abord soumis à un allongement (on parle d'une phase excentrique) et que, ensuite, il se contracte en se raccourcissant (on parle alors de phase concentrique). Il y a mise en jeu de ce que les physiologistes appellent « *the stretch-shortening cycle* » (le cycle étirement-raccourcissement).

Pliométrie 0,1 à 0,2 s

Temps d'impact au sol

Les exercices pliométriques qui couplent une contraction excentrique et un mouvement balistique (c'est-à-dire explosif) restent les plus couramment utilisés pour améliorer l'explosivité et font donc l'objet de nombreuses études (Markovic et Mikulic, 2010). L'impact au sol ne doit pas excéder 0,2 seconde.

Il existe trois modes de pliométrie d'après l'Institut national du sport, de l'expertise et de la performance (Insep) :

- La pliométrie basse : sautillements, bondissements effectués à hauteur de cheville ; ou travail balistique au medicine-ball, déplacement des mains sur des tirages barre fixe pour le haut du corps, etc.
- La pliométrie moyenne : sauts correspondant à une hauteur comprise entre celle des chevilles et des genoux.
- La pliométrie intense : elle s'effectue avec des hauteurs supérieures à celles des genoux (et également des pompes en contrebas avec step ou des déplacements en tirage pour le haut du corps). Différentes flexions de jambes sont possibles : petite flexion (angle de 130 degrés), moyenne flexion (90 degrés) et grande flexion (60 degrés). Cela dépend du besoin et du sport pratiqué : pour le haut du corps, les exercices comme les pompes sautées avec l'utilisation d'un step ou d'une marche ainsi que les tractions sautées seront favorisés ; pour le bas du corps, on préférera les medicine-balls.

L'entraînement pliométrique permet d'améliorer les performances, chez des sportifs comme chez des sédentaires, dans des exercices souvent transférables directement à des situations de terrain : en saut vertical (par exemple au volley-ball, basket-ball, handball), en saut horizontal (par exemple au saut en longueur) et en sprint (par exemple en athlétisme, en sports collectifs, au tennis, etc.) (Markovic et Mikulic, 2010). Toutefois, l'accentuation de la charge imposée lors de la phase excentrique peut induire des microlésions au niveau du muscle et du tendon et augmenter le risque de blessure (Marginson *et al.*, 2005).

Pour qu'un mouvement pliométrique soit efficace, la contraction volontaire doit obligatoirement être couplée au **réflexe myotatique.** Sans cette combinaison, il y a une perte d'efficacité liée à la non-sommation des motoneurones de la commande réflexe et volontaire.

Avantage lié à l'explosivité au poids de corps

Pour rappel, la relation force-vitesse du muscle indique que l'augmentation de la vitesse de raccourcissement entraîne une diminution de la production de force, et réciproquement. Pour développer de la force maximale, la vitesse diminue. À l'inverse, pour faire un geste très rapide, la force développée sera faible. Il est donc nécessaire de trouver un bon compromis pour produire une force importante le plus rapidement possible. Par exemple, le départ d'un sprint requiert un haut niveau d'explosivité.

Pour optimiser un départ au sprint, il est nécessaire de travailler conjointement force et vitesse avec pour but l'amélioration de l'explosivité (ou taux de développement de la force : RFD en N.s -1 ou en N.m.s -1). Le RFD se définit comme la quantité de force produite par seconde. Plus cette valeur est importante, plus l'athlète est explosif. Généralement, quel que soit le mouvement, la consigne principale donnée à l'athlète est de l'effectuer le plus rapidement possible avec ou sans charge.

Comme vu dans le chapitre sur l'élastique, la problématique rencontrée avec ce genre de méthodologie est la décélération qui se fait sur les derniers 40 % de la phase concentrique. Ce réflexe permet une protection des articulations lorsque celles-ci arrivent en extension complète. Cela implique un stimulus sous-optimal pour les muscles agonistes visés.

Il existe plusieurs méthodes pour pallier ce problème :

- La méthode des résistances variables (*cf.* p. 40, sur les élastiques).
- Les mouvements balistiques qui consistent à projeter un objet comme le Wall Ball ou son propre corps lors d'un squat jump ou d'un saut. Ce sont des mouvements très rapides qui ont pour objectif d'accélérer le plus possible une masse en mouvement afin qu'elle atteigne une vitesse importante dans un laps de temps très bref. L'intérêt de ces mouvements est de limiter la décélération en inhibant les mécanismes de protection. Ils induisent un effet « catapulte », car ils sollicitent le réflexe myotatique et l'élasticité musculaire. Les éléments élastiques du complexe musculo-tendineux stockent de l'énergie élastique lors des actions freinatrices et la restituent lors de l'impulsion.

Mouvement balistique

Saut inhibant les mécanismes de protection

Ces informations essentielles étant expliquées, place à la pratique ! Fixez-vous des objectifs audacieux et donnez-vous les moyens de les réaliser. Cet ouvrage vous y aidera assurément.

> *« N'attends pas que les événements arrivent comme tu le souhaites ; décide de vouloir ce qui arrive et tu seras heureux. »*
> Épictète

PROGRAMME INITIATION

Ce programme marque votre entrée dans l'univers de l'entraînement croisé minimaliste. Le premier donc, mais certainement le plus important, car c'est avec lui que vous allez progresser, vous dépasser et atteindre vos objectifs !

Ce premier niveau de pratique s'articule autour de 3 séances à réaliser par semaine, sur une durée totale de 4 semaines. Il est basé sur la découverte et la maîtrise des mouvements les plus efficaces en matière d'entraînement croisé au poids de corps et avec utilisation des élastiques et des kettlebells.

Chaque séance commencera obligatoirement par un échauffement de 2 minutes. Vous choisirez dès lors une des 5 séances proposées dans cet ouvrage pour initier toutes vos séances.

Lorsque le terme « TO » est mentionné, cela signifie que deux exercices s'enchaînent à la suite l'un de l'autre. En revanche, cet enchaînement ne compte que pour une seule répétition.

C'est donc une pratique à la fois fonctionnelle et sécuritaire que vous allez découvrir à travers ce programme varié, évolutif et parfois redoutable… bon courage !

IMPORTANT

La pratique des kettlebells nécessite une **parfaite maîtrise du geste et de la posture**. La seule lecture du livre ou la visualisation des mouvements sur Internet ne suffit pas à prévenir les fautes techniques et les blessures inhérentes à une pratique inappropriée. Je vous recommande, dans un premier temps, de maîtriser les mouvements de base en sollicitant les conseils d'un éducateur sportif spécialisé en la matière. Des stages de perfectionnement sont régulièrement proposés par des spécialistes dans toute la France.

PROGRAMME INITIATION

2' ÉCHAUFFEMENT 1

1

20 SECONDES

ROTATIONS DES ÉPAULES

DANS LE SENS DES AIGUILLES D'UNE MONTRE

2

20 SECONDES

BOUNCING SQUAT

3

20 SECONDES

ROTATIONS DES ÉPAULES

DANS LE SENS INVERSE DES AIGUILLES D'UNE MONTRE

RÉALISEZ CES 3 EXERCICES PENDANT 2 MINUTES, PUIS ENCHAÎNEZ AVEC VOTRE SÉANCE

2' ÉCHAUFFEMENT 1

1

2

3

PROGRAMME INITIATION

2' ÉCHAUFFEMENT 2

1

20 SECONDES

KNEELING SQUAT

2

20 SECONDES

JUMPING JACK

3

20 SECONDES

ALTERNATING 1 ARM PLANK ROW

RÉALISEZ CES 3 EXERCICES PENDANT 2 MINUTES, PUIS ENCHAÎNEZ AVEC VOTRE SÉANCE

2' ÉCHAUFFEMENT 2

1

2

3

2' ÉCHAUFFEMENT 3

1

20 SECONDES

KICK ASS

2

20 SECONDES

STANDING WALL PUSH UP

3

20 SECONDES

HIP TWIST

RÉALISEZ CES 3 EXERCICES PENDANT 2 MINUTES, PUIS ENCHAÎNEZ AVEC VOTRE SÉANCE

NOTES

POUR L'EXERCICE 2, mieux que le mur, servez-vous d'un partenaire d'entraînement si possible !
POUR L'EXERCICE 3, alternez le sens de rotation des hanches pendant les 20 secondes d'effort.

2' ÉCHAUFFEMENT 3

1

2

3

2' ÉCHAUFFEMENT 4

1

20 SECONDES

HIGH KNEE + TWIST

2

20 SECONDES

LYING BACK PRESS

3

20 SECONDES

BEAST UNLOAD

RÉALISEZ CES 3 EXERCICES PENDANT 2 MINUTES, PUIS ENCHAÎNEZ AVEC VOTRE SÉANCE

NOTE

POUR L'EXERCICE 1, changez de côté à chaque répétition.

2' ÉCHAUFFEMENT 4

1

2

3

2' ÉCHAUFFEMENT 5

1

20 SECONDES
BABY ROCK

2

20 SECONDES
HIP DIP PLANK

3

20 SECONDES
CRAB REACH

RÉALISEZ CES 3 EXERCICES PENDANT 2 MINUTES, PUIS ENCHAÎNEZ AVEC VOTRE SÉANCE

NOTES

POUR L'EXERCICE 2, alternez les deux sens de rotation sans discontinuité pendant les 20 secondes.
POUR L'EXERCICE 3, réalisez la première série avec le bras droit libre, la seconde avec l'autre bras.

2' ÉCHAUFFEMENT 5

1

2

3

PROGRAMME INITIATION

20' SÉANCE 1

ÉCHAUFFEMENT
2
MINUTES

1

BODYWEIGHT KNEELING SQUAT + TWIST

Répétitions : 12 (6 à droite et 6 à gauche)
Récupération : 30 secondes
Cycles : 4

2

BAND T + BACK LUNGE

Répétitions : 10 à 12
Récupération : 30 secondes
Cycles : 4

EXPLOSIVITÉ 8 MINUTES

3

BODYWEIGHT AUSTRALIAN PULL UP + KETTLEBELL SWING

Répétitions :
« Australian Pull Up » : 5/10/15/20
« Kettlebell Swing » : 20/15/10/5

ENDURANCE DE FORCE 12 MIN MAX.

NOTE

Pour l'exercice 3, la première série est donc composée de 5 x « Australian Pull Up », puis 20 x « Kettlebell Swings ».

1

2

3

20'

SÉANCE 2

ÉCHAUFFEMENT
2
MINUTES

EXPLOSIVITÉ
8 MINUTES

1

BODYWEIGHT FRONT STEP

Répétitions : 10 à 12
Récupération : 30 secondes
Cycles : 4

2

BODYWEIGHT BENCH DIPS

Répétitions : 10 à 12
Récupération : 30 secondes
Cycles : 4

ENDURANCE
DE FORCE
12 MINUTES

3 et 3'

KETTLEBELL GOBLET SQUAT
+ KETTLEBELL HALO

Répétitions :
« Goblet Squat » x 1 + « Halo » x 2
(de la droite vers la gauche, puis de la gauche vers la droite)
pendant 30 secondes
Durée de récupération : 30 secondes
Cycles : 12

NOTES

POUR L'EXERCICE 1, changez de côté à chaque répétition.
POUR L'EXERCICE 2, descente en deux temps, remontée en un temps.

1

2

3

3'

PROGRAMME INITIATION

20' SÉANCE 3

ÉCHAUFFEMENT
2
MINUTES

1

KETTLEBELL SWING

Répétitions : 10 à 12
Récupération : 30 secondes
Cycles : 4

2

KETTLEBELL HALF KNEELING CLEAN

Répétitions : 10 à 12
Récupération : 30 secondes
Cycles : 4

PUISSANCE
8 MINUTES

3 et 3'

BAND KNEELING SQUAT + 1 ARM PUNCH + AIR SQUAT

Répétitions :
« Band Kneeling Squat » + « 1 Arm Punch » : 3-3/5-5/8-8/10-10
« Air Squat » : 20/15/10/5
Durée de récupération : aucune
Il faut tout faire dans le délai de 12 minutes.

ENDURANCE
DE FORCE
12 MINUTES

NOTES

POUR L'EXERCICE 2, effectuez chaque série en alternant le côté du bras actif.
POUR L'EXERCICE 3 ET 3', la première série est donc composée de 3 frappes à droite puis 3 frappes à gauche sur l'exercice « Band Kneeling Squat + 1 Arm Punch » puis 20 répétitions sur « Air Squat ».

20' SÉANCE 3

1

2

3

3'

20' SÉANCE 1

ÉCHAUFFEMENT
2
MINUTES

1

KETTLEBELL HALF KNEELING SNATCH

Répétitions : 10 (5 à droite et 5 à gauche)
Récupération : 30 secondes
Cycles : 4

2

KETTLEBELL CLEAN

Répétitions : 10 (5 à droite et 5 à gauche)
Récupération : 30 secondes
Cycles : 4

PUISSANCE
8 MINUTES

3 et **3'**

BAND ROW + BACK LUNGE + BURPEE SURF

Répétitions :
« Band Row » + « Back Lunge » : 6/12/16/20
« Burpee Surf » : 20/15/10/5

ENDURANCE
DE FORCE
12 MINUTES

NOTE

Pour l'exercice 3 et 3', la première série est donc composée de 6 x « Band Row + Back Lunge » puis 20 x « Burpee Surf ». Recommencez le cycle jusqu'à écoulement des 12 minutes de travail si nécessaire.

1

2

3

3'

20' SÉANCE 2

ÉCHAUFFEMENT
2
MINUTES

1

BODYWEIGHT FROG PUSH UP

Répétitions : 10 à 12
Récupération : 30 secondes
Cycles : 4

2

BAND SUMO DEADLIFT + ROWING

Répétitions : 10 à 12
Récupération : 30 secondes
Cycles : 4

EXPLOSIVITÉ
8 MINUTES

3 et 3'

KETTLEBELL GOBLET SQUAT + ELEVATED BLAST OFF PUSH UP

Répétitions :
« Kettlebell Goblet Squat » : 6
« Elevated Blast Off Push Up » : 5/10/15/20/15/10/5
Durée de récupération : aucune
Il faut tout faire dans le délai de 12 minutes.

ENDURANCE
DE FORCE
12 MINUTES

NOTE

POUR L'EXERCICE 3 ET 3', la première série est donc composée de 6 x « Kettlebell Goblet Squat », puis 5 répétitions sur « Elevated Blast Off Push Up ».

1

2

3

3'

20' SÉANCE 3

ÉCHAUFFEMENT
2
MINUTES

PUISSANCE
8 MINUTES

1

KETTLEBELL GOBLET SQUAT TO SWING

Répétitions : 8
Récupération : 30 secondes
Cycles : 4

2

KETTLEBELL HALF KNEELING SWING

Répétitions : 12 (6 à droite et 6 à gauche)
Récupération : 30 secondes
Cycles : 4

ENDURANCE
DE FORCE
12 MINUTES

3 et **3'**

BURPEE + ALTERNATED STEP UP JUMP

Répétitions :
effectuez 1 x « Burpee » puis 4 x « Alternated Step Up Jump » pendant 30 secondes
Durée de récupération : 30 secondes
Séries : 12

NOTES

POUR L'EXERCICE 1, un enchaînement de 1 x « Swing » + 1 x « Goblet Squat » compte pour 1 répétition.
POUR L'EXERCICE 3', alternez la jambe d'appui sur le « Step Up Jump » à chaque répétition.

1

2

3

3'

PROGRAMME INITIATION

20' SÉANCE 1

ÉCHAUFFEMENT
2
MINUTES

1

BODYWEIGHT BENCH TIPTOES SQUAT

Répétitions : 10
Récupération : 30 secondes
Cycles : 4

2

BAND KNEELING SQUAT + 1 ARM PUNCH

Répétitions : 12 (6 à droite et 6 à gauche)
Récupération : 30 secondes
Cycles : 4

EXPLOSIVITÉ
8 MINUTES

3 et 3'

FRONT STEP + KETTLEBELL HALO

Répétitions :
« Front Step » : 8 (4 à droite et 4 à gauche)
« Kettlebell Halo » : 2/4/6/4/2/4/6
Durée de récupération : aucune
Il faut tout faire dans le délai de 12 minutes.
Recommencez le cycle si besoin !

ENDURANCE
DE FORCE
12 MINUTES

NOTES

POUR L'EXERCICE 1, seule la remontée explosive sera effectuée en finition sur la pointe des pieds.
POUR L'EXERCICE 3 ET 3', la première série est donc composée de 8 x « Front Step », puis de 2 répétitions sur « Kettlebell Halo ». Une répétition de « Kettlebell Halo » est constituée d'une rotation à droite et d'une rotation à gauche.

SEMAINE 3

20' SÉANCE 1

1

2

3

3'

20'

SÉANCE 2

ÉCHAUFFEMENT

2

MINUTES

1

KETTLEBELL HALF KNEELING SWING TO PRESS

Répétitions : 12 (6 à droite et 6 à gauche)
Récupération : 30 secondes
Cycles : 4

2

KETTLEBELL SWING

Répétitions : 12
Récupération : 30 secondes
Cycles : 4

PUISSANCE
8 MINUTES

3 et 3'

BENCH TIPTOES SQUAT + BENCH DIPS

Répétitions :
Durée d'effort : 15 secondes de « Bench Tiptoes Squat » puis 15 secondes de « Bench Dips », soit 30 secondes au total.
Durée de récupération : 30 secondes
Séries : 12

ENDURANCE
DE FORCE
12 MINUTES

NOTE

POUR L'EXERCICE 2, à ce stade du programme, tentez d'effectuer cet exercice avec une charge un peu plus lourde !

1

2

3

3'

PROGRAMME INITIATION

20' **SÉANCE 3**

ÉCHAUFFEMENT
2
MINUTES

1

BODYWEIGHT
90° JUMPING JACK

Répétitions : 20 secondes de réalisation à vitesse élevée
Récupération : 40 secondes
Cycles : 4

2

BAND T + BACK LUNGE

Répétitions : 12 (6 à droite et 6 à gauche)
Récupération : 30 secondes
Cycles : 4

EXPLOSIVITÉ
8 MINUTES

3 et 3'

KETTLEBELL GOBLET SQUAT
+ BAND SUMO DEADLIFT + ROWING

Répétitions :
« Kettlebell Goblet Squat » : 6
« Band Sumo Deadlift » + « Rowing » : 5/10/15/15/10/5
Durée de récupération : aucune
Il faut tout faire dans le délai de 12 minutes.

ENDURANCE
DE FORCE
12 MINUTES

NOTE

POUR L'EXERCICE 3 ET 3', la première série est donc composée de 6 x « Kettlebell Goblet Squat », puis de 5 x « Band Sumo Deadlift + Rowing ».

1

2

3

3'

20' SÉANCE 1

ÉCHAUFFEMENT
2
MINUTES

EXPLOSIVITÉ
8 MINUTES

1

KETTLEBELL STAGGERED CLEAN

Répétitions : 12 (6 à droite et 6 à gauche)
Récupération : 30 secondes
Cycles : 4

2

KETTLEBELL CLEAN TO PRESS

Répétitions : 8
Récupération : 30 secondes
Cycles : 4

ENDURANCE
DE FORCE
12 MINUTES

3 et 3'

ALTERNATED STEP UP JUMP + ELEVATED BLAST OFF PUSH UP

Durée d'effort :
15 secondes de « Alternated Step Up Jump »
puis 15 secondes de « Elevated Blast Off Push Up »,
soit 30 secondes au total.
Durée de récupération : 30 secondes
Séries : 12

NOTE

POUR L'EXERCICE 2, effectuez 4 fois ce complex à droite puis 4 fois à gauche. Aucune impulsion des cuisses sur la phase « Press ».

1

2

3

3'

20' SÉANCE 2

ÉCHAUFFEMENT
2
MINUTES

EXPLOSIVITÉ
8 MINUTES

1

BAND FRONT SQUAT

Répétitions : 15 secondes de réalisation à vitesse élevée
Récupération : 45 secondes
Cycles : 4

2

BODYWEIGHT FRONT STEP + TWIST

Répétitions : 8 (4 à droite et 4 à gauche)
Récupération : 30 secondes
Cycles : 4

ENDURANCE
DE FORCE
12 MINUTES

3 et 3'

BODYWEIGHT 90° JUMPING JACK + BODYWEIGHT BENCH TIPTOE SQUAT

Répétitions :
« Bodyweight 90° Jumping Jack » : 15 secondes d'effort
« Bodyweight Bench Tiptoe Squat » : 15 secondes d'effort
Durée de récupération : aucune
Pas d'arrêt pendant le délai de 12 minutes.

1

2

3

3'

20' SÉANCE 3

ÉCHAUFFEMENT
2
MINUTES

PUISSANCE
8 MINUTES

1

KETTLEBELL STAGGERED SNATCH

Répétitions : 12 (6 à droite et 6 à gauche)
Récupération : 30 secondes
Cycles : 4

2

KETTLEBELL HALF KNEELING SNATCH TO HALF KNEELING CLEAN

Répétitions : 10 (5 à droite et 5 à gauche)
Récupération : 30 secondes
Cycles : 4

ENDURANCE
DE FORCE
12 MINUTES

3 3' et 3''

FROG PUSH UP + AUSTRALIAN PULL UP + AIR SQUAT

Répétitions
« Frog Push Up » : 5
« Australian Pull Up » : 10
« Air Squat » : 15
Durée de récupération : 30 secondes
Séries : un maximum de séries pendant 12 minutes

20' SÉANCE 3

1

2

3

3'

3''

PROGRAMME ÉVOLUTION

Le deuxième niveau de difficulté présenté ici doit s'appréhender comme un niveau de transition. Vous n'êtes plus un débutant et votre objectif principal est de réaliser pleinement le niveau « optimisation ». Le programme « évolution » vous donnera les bonnes cartes afin de réaliser votre objectif. Il vous amènera vers un niveau athlétique global digne d'un sportif à la fois complet et déjà très performant.

Bruce Lee l'exprimait déjà à son époque : « Il faut vider son esprit, être informe, sans contours. Comme de l'eau. » Lorsque vous aurez pleinement réalisé ce niveau, vous comprendrez beaucoup mieux le sens profond de cette citation.

Par la pratique de mouvements polyarticulaires épurés et fonctionnels, vous incarnerez désormais toute la fugacité de la musculation athlétique moderne. Un sportif alerte, vif et endurant. Vous ne pouvez plus faire marche arrière, ce niveau de développement et d'élévation va certes vous donner beaucoup de « fil à retordre », mais surtout, il vous boostera considérablement pour le niveau ultime de l'ouvrage, le niveau « optimisation » !

Chaque séance commencera obligatoirement par un échauffement de 2 minutes. Vous choisirez dès lors une des 5 séances proposées dans cet ouvrage pour initier toutes vos séances.

Lorsque le terme « TO » est mentionné, cela signifie que deux exercices s'enchaînent à la suite l'un de l'autre. En revanche, cet enchaînement ne compte que pour une seule répétition.

IMPORTANT

La pratique des kettlebells nécessite une **parfaite maîtrise du geste et de la posture**. La seule lecture du livre ou la visualisation des mouvements sur Internet ne suffit pas à prévenir les fautes techniques et les blessures inhérentes à une pratique inappropriée. Je vous recommande, dans un premier temps, de maîtriser les mouvements de base en sollicitant les conseils d'un éducateur sportif spécialisé en la matière. Des stages de perfectionnement sont régulièrement proposés par des spécialistes dans toute la France.

PROGRAMME ÉVOLUTION

2' ÉCHAUFFEMENT 1

1

15 SECONDES

1 LEG SISSY SQUAT

2

15 SECONDES

1 LEG SISSY SQUAT

3

15 SECONDES

90° JUMPING JACK

4

15 SECONDES

STANDING WALL TRICEPS PRESS

RÉALISEZ CES 4 EXERCICES PENDANT 2 MINUTES, PUIS ENCHAÎNEZ AVEC VOTRE SÉANCE

NOTES

POUR L'EXERCICE 1 ET 2, changez de jambe à chaque série.
POUR L'EXERCICE 4, utilisez les mains d'un partenaire d'entraînement pour encore plus d'intensité !

2' ÉCHAUFFEMENT 1

1 et 2

3

4

PROGRAMME ÉVOLUTION

2' ÉCHAUFFEMENT 2

1

15 SECONDES

ARM SWING SQUAT

2

15 SECONDES

REVERSE SNOW ANGEL

3

15 SECONDES

ELEVATED BLAST OFF PUSH UP

4

15 SECONDES

HIP DIP PLANK

RÉALISEZ CES 4 EXERCICES PENDANT 2 MINUTES, PUIS ENCHAÎNEZ AVEC VOTRE SÉANCE

NOTE

POUR L'EXERCICE 4, changez de côté toutes les 15 secondes à chaque série.

2' ÉCHAUFFEMENT 2

1

2

3

4

2' ÉCHAUFFEMENT 3

1

15 SECONDES

PLANK LEG PULSE

JAMBE DROITE

2

15 SECONDES

PLANK LEG PULSE

JAMBE GAUCHE

3

15 SECONDES

RUSSIAN TWIST

4

15 SECONDES

MOUNTAIN CLIMBER

RÉALISEZ CES 4 EXERCICES PENDANT 2 MINUTES, PUIS ENCHAÎNEZ AVEC VOTRE SÉANCE

2' ÉCHAUFFEMENT 3

1

2

3

4

PROGRAMME ÉVOLUTION

2' ÉCHAUFFEMENT 4

1

15 SECONDES

ELEVATED PUSH UP

2

15 SECONDES

KNEELING SQUAT + TWIST

3

15 SECONDES

KICK ASS

2'

15 SECONDES

KNEELING SQUAT + TWIST

RÉALISEZ CES 4 EXERCICES PENDANT 2 MINUTES, PUIS ENCHAÎNEZ AVEC VOTRE SÉANCE

NOTES

POUR L'EXERCICE 1, effectuez vos pompes sur un support plus ou moins haut selon votre niveau. L'exercice doit rester à un niveau d'échauffement, inutile de mettre trop d'intensité à ce stade de la séance.
POUR L'EXERCICE 2 ET 2', effectuez toute la série en alternant le côté de la jambe avancée.

2' ÉCHAUFFEMENT 4

1

2 et 2'

3

2' ÉCHAUFFEMENT 5

1

15 SECONDES
GORILLA SQUAT

2

15 SECONDES
CANDLESTICK ROLL

3

15 SECONDES
BJJ BRIDGE

4

15 SECONDES
FRONT STEP

RÉALISEZ CES 4 EXERCICES PENDANT 2 MINUTES, PUIS ENCHAÎNEZ AVEC VOTRE SÉANCE

NOTES

POUR L'EXERCICE 3, alternez le côté du pontage à chaque répétition.
POUR L'EXERCICE 4, effectuez toute la première série du même côté, la seconde série de l'autre !

2' ÉCHAUFFEMENT 5

1

2

3

4

20' SÉANCE 1

ÉCHAUFFEMENT
2
MINUTES

EXPLOSIVITÉ
8 MINUTES

1

BODYWEIGHT PUSH UP

Répétitions : 10 à 12
Récupération : 30 secondes
Cycles : 4

2

BAND PULL THROUGH

Répétitions : 10 à 12
Récupération : 30 secondes
Cycles : 4

ENDURANCE DE FORCE
12 MINUTES

3 et **3'**

BODYWEIGHT HINGE SQUAT JUMP + KETTLEBELL SWING

Répétitions :
« Bodyweight Hinge Squat Jump » : 15 secondes
« Kettlebell Swing » : 15 secondes
Durée de récupération : 30 secondes
Séries : 12

NOTE

POUR L'EXERCICE 2, descente en deux temps, remontée en un temps.

1

2

3

3'

20' SÉANCE 2

ÉCHAUFFEMENT
2
MINUTES

1

BODYWEIGHT BOX JUMP

Répétitions : 10
Récupération : 30 secondes
Cycles : 4

2

BODYWEIGHT T PUSH UP

Répétitions : 10
Récupération : 30 secondes
Cycles : 4

EXPLOSIVITÉ
8 MINUTES

3 et 3'

BODYWEIGHT BREAK DANCER + KETTLEBELL OFFSET SQUAT

Répétitions :
« Bodyweight Break Dancer » : 12
« Kettlebell Offset Squat » : 8 (4 à droite et 4 à gauche)
Durée de récupération : aucune
Il faut faire un maximum de séries pendant 12 minutes.

ENDURANCE
DE FORCE
12 MINUTES

NOTES

POUR L'EXERCICE 1, inutile de sauter trop haut, restez à 45 centimètres maximum pour un saut parfaitement maîtrisé et silencieux.
POUR L'EXERCICE 2, descente en deux temps, remontée en un temps.
POUR L'EXERCICE 3 ET 3', pour le mouvement « Break Dancer » : une répétition est constituée d'une rotation à droite et d'une rotation à gauche. Vous pouvez alterner le côté de vos « Kettlebell Offset Squat » en effectuant un « Swing » de transition entre chaque répétition.

20' SÉANCE 2

1

2

3

3'

20'

SÉANCE 3

ÉCHAUFFEMENT
2
MINUTES

1

BODYWEIGHT ROTATIONAL PUSH UP

Répétitions : 10
Récupération : 30 secondes
Cycles : 4

2

BAND STAGGERED CROSS ROW

Répétitions : 10
Récupération : 30 secondes
Cycles : 4

EXPLOSIVITÉ
8 MINUTES

3 et 3'

BODYWEIGHT BURPEE SURF + KETTLEBELL STAGGERED SNATCH

Répétitions :
« Bodyweight Burpee Surf » : 8
« Kettlebell Staggered Snatch » : 12 (6 à droite et 6 à gauche)
Durée de récupération : aucune
Il faut faire un maximum de séries pendant 12 minutes.

ENDURANCE DE FORCE
12 MINUTES

NOTES

POUR L'EXERCICE 1, inspirez lorsque vous « ouvrez » la hanche et soufflez lorsque vous reprenez votre position de gainage. Alternez les côtés de rotation à chaque répétition. Les remontées seront toujours très dynamiques.
POUR L'EXERCICE 2 ET 3, changez de jambe d'appui à chaque série.

1

2

3

3'

20' SÉANCE 1

ÉCHAUFFEMENT
2
MINUTES

PUISSANCE
8 MINUTES

1

KETTLEBELL STAGGERED DEAD CLEAN

Répétitions : 12 (6 à droite et 6 à gauche)
Récupération : 30 secondes
Cycles : 4

2

KETTLEBELL 1 ARM POWER JERK

Répétitions : 12 (6 à droite et 6 à gauche)
Récupération : 30 secondes
Cycles : 4

ENDURANCE DE FORCE
12 MINUTES

3 et 3'

BAND PULL THROUGH + BODYWEIGHT BURPEE

Répétitions :
« Band Pull Through » : 6/12/16/20
« Bodyweight Burpee » : 20/16/10/6

NOTE

POUR L'EXERCICE 3 ET 3', la première série est donc composée de 6 x « Band Pull Through », puis de 20 x « Bodyweight Burpee ». Recommencez le cycle jusqu'à écoulement des 12 minutes de travail si nécessaire.

20' SÉANCE 1

1

2

3

3'

PROGRAMME ÉVOLUTION

20' **SÉANCE 2**

ÉCHAUFFEMENT
2
MINUTES

1

BODYWEIGHT CHIN UP

Répétitions : 5 à 7
Récupération : 30 secondes
Cycles : 4

2

BODYWEIGHT 1 LEG BOX JUMP

Répétitions :
« Bodyweight 1 Leg Box Jump » :
10 (5 départs de la jambe droite + 5 départs de la jambe gauche)
Récupération : 30 secondes
Cycles : 4

EXPLOSIVITÉ
8 MINUTES

3 et **3'**

BAND SUMO DEADLIFT + ROWING + KETTLEBELL HALF SNATCH

Répétitions :
« Band Sumo Deadlift » + « Rowing » : 10
« Kettlebell Half Snatch » : 6
Durée de récupération : aucune
Il faut faire un maximum d'enchaînements pendant 12 minutes.

ENDURANCE DE FORCE
12 MINUTES

NOTES

POUR L'EXERCICE 1, descentes contrôlées, remontées explosives !
POUR L'EXERCICE 3, vous alternerez le côté de vos « Kettlebell Half Snatch » entre chaque série.

20' SÉANCE 2

1

2

3

3'

Séance 3

20'

ÉCHAUFFEMENT
2
MINUTES

1

KETTLEBELL STAGGERED DEAD SNATCH

Répétitions : 12 (6 à droite et 6 à gauche)
Récupération : 30 secondes
Cycles : 4

PUISSANCE
8 MINUTES

2

KETTLEBELL SWING

Répétitions : 12
Récupération : 30 secondes
Cycles : 4

3 et 3'

BAND PUSH UP + BODYWEIGHT SQUAT THRUST

Répétitions :
« Band Push Up » : 5/8/10/12
« Bodyweight Squat Thrust » : 20/16/10/8

ENDURANCE DE FORCE
12 MINUTES

NOTES

POUR L'EXERCICE 1, augmentez progressivement le poids de votre kettlebell en fonction de votre évolution dans cet ouvrage. À ce stade, une kettlebell de 16 kg semble un minimum, 20 kg est dans la bonne moyenne.
POUR L'EXERCICE 3 ET 3', la première série est donc composée de 5 x « Band Push Up» puis de 20 x « Bodyweight Squat Thrust ». Recommencez le cycle jusqu'à écoulement des 12 minutes de travail si nécessaire.

1

2

3

3'

PROGRAMME ÉVOLUTION

20' **SÉANCE 1**

ÉCHAUFFEMENT
2
MINUTES

1

KETTLEBELL AMERICA SWING

Répétitions : 12
Récupération : 30 secondes
Cycles : 4

2

KETTLEBELL 1 ARM SPLIT JERK

Répétitions : 12 (6 à droite et 6 à gauche)
Récupération : 30 secondes
Cycles : 4

PUISSANCE
8 MINUTES

3 et **3'**

BAND PUSH UP
+ BODYWEIGHT BURPEE–BOX JUMP

Répétitions :
« Band Push Up » : 6/12/16/20
« Bodyweight Burpee-Box Jump » : 5/6/5/6

ENDURANCE DE FORCE
12 MINUTES

NOTE

POUR L'EXERCICE 3 ET 3', la première série est donc composée de 6 x « Band Push Up », puis de 5 x « Bodyweight Burpee-Box Jump ». Recommencez le cycle jusqu'à écoulement des 12 minutes de travail si nécessaire.

1

2

3

3'

20' SÉANCE 2

ÉCHAUFFEMENT

2

MINUTES

1

BODYWEIGHT BURPEE-CHIN UP

Répétitions : 7
Récupération : 30 secondes
Cycles : 4

2

BAND PUSH PUNCH

Répétitions : 14 (7 à droite et 7 à gauche)
Récupération : 30 secondes
Cycles : 4

EXPLOSIVITÉ
8 MINUTES

3 et 3'

BODYWEIGHT BOX JUMP *RÉCEPTION À 1 JAMBE* + AMERICAN KETTLEBELL SWING

Répétitions :
« Bodyweight Box Jump » : 6
« Kettlebell American Swing » : 10
Durée de récupération : aucune
Il faut faire un maximum d'enchaînements pendant 12 minutes.

ENDURANCE DE FORCE
12 MINUTES

NOTES

POUR L'EXERCICE 2, rotation du buste vers l'arrière en deux temps puis rotation du buste vers l'avant et frappe dynamique en un seul temps.
POUR L'EXERCICE 3, sur le « Box Jump », vous alternerez le côté de vos réceptions sur une jambe à chaque saut.

20' SÉANCE 2

1

2

3

3'

20' SÉANCE 3

ÉCHAUFFEMENT
2
MINUTES

1

KETTLEBELL STAGGERED DEAD CLEAN TO OFFSET SQUAT

Répétitions : 12 (6 à droite et 6 à gauche)
Récupération : 30 secondes
Cycles : 4

2

KETTLEBELL STAGGERED DEAD SNATCH TO SPLIT JERK

Répétitions : 12 (6 à droite et 6 à gauche)
Récupération : 30 secondes
Cycles : 4

PUISSANCE
8 MINUTES

3 et 3'

BAND PULL THROUGH + BODYWEIGHT FROG PUSH UP

Répétitions :
« Band Pull Through » : 12
« Bodyweight Frog Push Up » : 5/6/7/8/9/10

ENDURANCE DE FORCE
12 MINUTES

NOTE

POUR L'EXERCICE 3 ET 3', la première série est donc composée de 6 x « Band Push Up », puis de 5 x « Bodyweight Frog Push Up ».
Recommencez le cycle jusqu'à écoulement des 12 minutes de travail si nécessaire.

1

2

3

3'

ÉCHAUFFEMENT
2
MINUTES

EXPLOSIVITÉ
8 MINUTES

1

BODYWEIGHT BREAK DANCER

Répétitions : 12
Récupération : 30 secondes
Cycles : 4

2

BAND PUSH PUNCH

Répétitions : 14 (7 à droite et 7 à gauche)
Récupération : 30 secondes
Cycles : 4

ENDURANCE DE FORCE
12 MINUTES

3 et **3'**

BODYWEIGHT HINGE SQUAT JUMP + KETTLEBELL 1 ARM HIGH PULL SWING

Répétitions :
« Bodyweight Hinge Squat Jump » : 6
« Kettlebell 1 Arm High Pull Swing » : 10
Durée de récupération : aucune
Il faut faire un maximum d'enchaînements pendant 12 minutes.

NOTES

POUR L'EXERCICE 2, phase de rotation pour « armer » le mouvement très contrôlée, puis rotation dans le sens inverse pour le « coup de poing » explosif !
POUR L'EXERCICE 3', vous alternerez le côté de vos « Kettlebell High Pull Swing » entre chaque série.

20' SÉANCE 1

1

2

3

3'

PROGRAMME ÉVOLUTION

20'

SÉANCE 2

ÉCHAUFFEMENT
2
MINUTES

EXPLOSIVITÉ
8 MINUTES

1

KETTLEBELL SWING TO OFFSET SQUAT TO SPLIT JERK

Répétitions : 10 (5 à droite et 5 à gauche)
Récupération : 30 secondes
Cycles : 4

2

KETTLEBELL HALF SNATCH

Répétitions : 12 (6 à droite et 6 à gauche)
Récupération : 30 secondes
Cycles : 4

ENDURANCE DE FORCE
12 MINUTES

3 et 3'

BAND PUSH PUNCH + DOUBLE KETTLEBELL FRONT LUNGE + PRESS

Répétitions :
« Band Push Punch » : 20 (10 à droite et 10 à gauche)
« Double Kettlebell Front Lunge + Press » : 12
(6 à droite et 6 à gauche)

NOTES

POUR L'EXERCICE 1, l'enchaînement des 3 exercices compte pour 1 seule répétition.
POUR L'EXERCICE 3 ET 3', recommencez le cycle pendant 12 minutes à intensité maximale.

20' SÉANCE 2

1

2

3

3'

20' SÉANCE 3

ÉCHAUFFEMENT
2
MINUTES

1

BODYWEIGHT BOX JUMP 1 LEG RECEPTION

Répétitions : 12
Récupération : 30 secondes
Cycles : 4

2

BAND FRONT SQUAT

Répétitions : 12
Récupération : 30 secondes
Cycles : 4

EXPLOSIVITÉ
8 MINUTES

3 et 3'

BODYWEIGHT AUSTRALIAN PULL UP + KETTLEBELL GORILLA COMPLEX

Répétitions :
« Australian Pull Up » : 8 à 10
« Kettlebell Gorilla Complex » : 4/5/6/5/4
Durée de récupération : aucune
Il faut faire un maximum d'enchaînements pendant 12 minutes.

ENDURANCE
DE FORCE
12 MINUTES

NOTES

POUR L'EXERCICE 1, alternez la jambe de réception à chaque saut.
POUR L'EXERCICE 2, descente en deux temps, remontée en un temps. Deux séries avec l'élastique en oblique à droite et deux séries avec l'élastique en oblique à gauche.

1

2

3

3'

PROGRAMME ÉVOLUTION

20' SÉANCE 4

ÉCHAUFFEMENT

2

MINUTES

1

KETTLEBELL SWING TO GOBLET SQUAT

Répétitions : 7

Récupération : 30 secondes

Cycles : 4

2

KETTLEBELL HALO TO 1 ARM POWER JERK

Répétitions : effectuez 4 fois l'enchaînement de ces deux exercices pour constituer une série

« Kettlebell Halo » : 2 (dans un sens puis dans l'autre)

« 1 Arm Power Jerk » : 1

Récupération : 30 secondes

Cycles : 4

EXPLOSIVITÉ 8 MINUTES

3 et 3'

BAND PULL THROUGH + BODYWEIGHT BURPEE-PULL UP

Répétitions : « Band Pull Through » : 12

« Bodyweight Burpee-Pull Up » : 5/6/7/6/5

ENDURANCE DE FORCE 12 MINUTES

NOTES

POUR L'EXERCICE 1, 1 « Kettlebell Swing » et 1 « Goblet Squat » comptent pour 1 répétition.

POUR L'EXERCICE 2, sur la phase « Jerk », effectuez 2 séries avec une kettlebell tenue de la main gauche et 2 séries tenue de la main droite.

POUR L'EXERCICE 3 ET 3', la première série est donc composée de 12 x « Band Pull Through », puis de 5 x « Bodyweight Burpee-Pull Up ». Recommencez le cycle jusqu'à écoulement des 12 minutes de travail si nécessaire.

20' SÉANCE 4

1

2

3

3'

PROGRAMME OPTIMISATION

Nous y voilà ! L'ultime niveau de difficulté présenté dans cet ouvrage… Le troisième niveau de difficulté marque votre entrée dans la catégorie des véritables athlètes complets. Cette partie du livre doit s'appréhender comme un véritable défi et représente un réel objectif en termes de hautes performances.

La force nerveuse (explosivité et puissance) est toujours plus fortement sollicitée, la complexité technique (travail aux doubles kettlebells par exemple) s'intensifie, au même titre que les fortes sollicitations métaboliques de fin de séances (endurance de force).

« Comme le disait Montaigne dans *Les Essais*, inspiré du stoïcien Sénèque : « Il n'y a point de vent favorable pour qui ne sait en quel port se rendre. » Ce qui signifie que, si on veut avancer dans la vie, il faut viser un port, un but, et se donner les moyens de l'atteindre plutôt que d'errer sans objectif. Nul n'atteint un objectif élevé sans l'avoir ardemment désiré. Ce qui est vrai dans la vie artistique, sportive, professionnelle, familiale l'est tout autant pour l'idéal de la sagesse, c'est-à-dire d'une vie bonne et heureuse. Désirons être le plus profondément et durablement heureux (vertueux), donnons-nous les moyens d'y parvenir, et les vents pourront être favorables. » (Frédéric Lenoir, *La sagesse expliquée à ceux qui la cherchent*, Seuil 2018)

La pratique d'un entraînement intense, minimaliste, épuré et authentique tel que vous la retrouverez dans cette partie de l'ouvrage se transférera positivement dans votre vie de tous les jours. À vous d'en saisir toutes les nuances et subtilités.

Chaque séance commencera obligatoirement par un échauffement de 2 minutes. Vous choisirez dès lors une des 5 séances proposées dans cet ouvrage pour initier toutes vos séances.

Lorsque le terme « TO » est mentionné, cela signifie que deux exercices s'enchaînent à la suite l'un de l'autre. En revanche, cet enchaînement ne compte que pour une seule répétition.

IMPORTANT

La pratique des kettlebells nécessite une **parfaite maîtrise du geste et de la posture**. La seule lecture du livre ou la visualisation des mouvements sur Internet ne suffit pas à prévenir les fautes techniques et les blessures inhérentes à une pratique inappropriée. Je vous recommande, dans un premier temps, de maîtriser les mouvements de base en sollicitant les conseils d'un éducateur sportif spécialisé en la matière. Des stages de perfectionnement sont régulièrement proposés par des spécialistes dans toute la France.

2' ÉCHAUFFEMENT 1

1

15 SECONDES
1 LEG HIP THRUST

1'

15 SECONDES
1 LEG HIP THRUST

2

15 SECONDES
PLANK BUILD

3 et **3'**

15 SECONDES
SPLIT LUNGE

RÉALISEZ CES 4 EXERCICES PENDANT 2 MINUTES, PUIS ENCHAÎNEZ AVEC VOTRE SÉANCE

NOTES

POUR L'EXERCICE 1, effectuez cette série avec la jambe gauche au sol.
POUR L'EXERCICE 1', effectuez cette série avec la jambe droite au sol.

2' ÉCHAUFFEMENT 1

1 et 1'

2

3

PROGRAMME OPTIMISATION

2' ÉCHAUFFEMENT 2

1

15 SECONDES

SQUAT + SIDE KICK

2

15 SECONDES

BJJ BRIDGE

3

15 SECONDES

SQUAT + SIDE KICK

4

15 SECONDES

HALF FROG PUSH UP

RÉALISEZ CES 4 EXERCICES PENDANT 2 MINUTES, PUIS ENCHAÎNEZ AVEC VOTRE SÉANCE

NOTES

POUR L'EXERCICE 1, donnez les coups de pied avec la jambe droite.
POUR L'EXERCICE 2, alternez le côté du pontage à chaque répétition.
POUR L'EXERCICE 3, donnez les coups de pied avec la jambe gauche.

2' ÉCHAUFFEMENT 2

1

2

3

4

PROGRAMME OPTIMISATION

2' ÉCHAUFFEMENT 3

1

15 SECONDES

RUNNER'S LUNGE

2

15 SECONDES

HALF BURPEE

1'

15 SECONDES

RUNNER'S LUNGE

3

15 SECONDES

HIP TWIST

RÉALISEZ CES 4 EXERCICES PENDANT 2 MINUTES, PUIS ENCHAÎNEZ AVEC VOTRE SÉANCE

NOTES

POUR L'EXERCICE 1, effectuez la première série avec la jambe droite en appui.
POUR L'EXERCICE 1', effectuez la première série avec la jambe gauche en appui.

2' ÉCHAUFFEMENT 3

1 et 1'

2

3

2' ÉCHAUFFEMENT 4

1

15 SECONDES
DRAGON SQUAT

2

15 SECONDES
SPEED FEET

3

15 SECONDES
REVERSE SNOW ANGEL

4

15 SECONDES
HALF FROG PUSH UP

RÉALISEZ CES 4 EXERCICES PENDANT 2 MINUTES, PUIS ENCHAÎNEZ AVEC VOTRE SÉANCE

NOTES

POUR L'EXERCICE 1, changez de côté à chaque répétition.
POUR L'EXERCICE 2, il s'agit d'une « course » sur place réalisée à vélocité maximale !

ÉCHAUFFEMENT

2' ÉCHAUFFEMENT 4

1

2

3

4

PROGRAMME OPTIMISATION

2' ÉCHAUFFEMENT 5

1

15 SECONDES

FROGGER

2

15 SECONDES

FRONT STEP + TWIST

3

15 SECONDES

CANDLESTICK ROLL

2'

15 SECONDES

FRONT STEP + TWIST

RÉALISEZ CES 4 EXERCICES PENDANT 2 MINUTES, PUIS ENCHAÎNEZ AVEC VOTRE SÉANCE

NOTE

POUR L'EXERCICE 2 ET 2', alternez les côtés à chaque répétition.

2' ÉCHAUFFEMENT 5

1

2 et 2'

3

PROGRAMME OPTIMISATION

20' SÉANCE 1

ÉCHAUFFEMENT
2
MINUTES

1

KETTLEBELL JUDO SWING

Répétitions : 12
Récupération : 30 secondes
Cycles : 4

2

DOUBLE KETTLEBELL POWER JERK

Répétitions : 7
Récupération : 30 secondes
Cycles : 4

PUISSANCE
8 MINUTES

3 et 3'

BAND THRUSTER + HINDU PUSH UP

Répétitions :
« Band Thruster » : 5/10/15/20/15/10/5
« Hindu Push Up » : 8

ENDURANCE
DE FORCE
12 MINUTES

NOTE

Pour l'exercice 3, la première série est donc composée de 5 x « Band Thruster » puis de 8 x « Hindu Push Up », et ainsi de suite. Recommencez le cycle jusqu'à écoulement des 12 minutes et à intensité maximale si besoin est.

1

2

3

3'

PROGRAMME OPTIMISATION

20' SÉANCE 2

ÉCHAUFFEMENT
2
MINUTES

EXPLOSIVITÉ
8 MINUTES

1

BODYWEIGHT CRANE SPLIT SQUAT

Répétitions : 12
Récupération : 30 secondes
Cycles : 4

2

BAND SIDE TOSS

Répétitions : 14 (7 à droite et 7 à gauche)
Récupération : 30 secondes
Cycles : 4

ENDURANCE
DE FORCE
12 MINUTES

3 et 3'

BODYWEIGHT SKATER JUMP + KETTLEBELL JUDO SWING

Répétitions :
« Bodyweight Skater Jump » : 12 allers-retours
« Kettlebell Judo Swing » : 7/8/9/10/9/8/7
Récupération : aucune
Il faut faire un maximum de cycles pendant 12 minutes.

NOTE

POUR L'EXERCICE 3, sur « Skater Jump », 1 aller-retour compte pour 1 répétition.

1

2

3

3'

PROGRAMME OPTIMISATION

20' SÉANCE 3

ÉCHAUFFEMENT
2
MINUTES

1

KETTLEBELL KNEELING JUMP

Répétitions : 6
Récupération : 30 secondes
Cycles : 4

2

DOUBLE KETTLEBELL SPLIT JERK

Répétitions : 6
Récupération : 30 secondes
Cycles : 4

PUISSANCE
8 MINUTES

3 et 3'

BAND SPIDER MAN PUSH UP + 1 LEG BOX JUMP *RÉCEPTION À 2 JAMBES*

Répétitions :
« Band Spider Man Push Up » : 4/6/8/10/8/6/4
« 1 Leg Box Jump » : 8 à 10

ENDURANCE
DE FORCE
12 MINUTES

NOTE

Pour l'exercice 3 et 3', recommencez le cycle pendant 12 minutes à intensité maximale si besoin est.

20' SÉANCE 3

1

2

3

3'

PROGRAMME OPTIMISATION

20' **SÉANCE 1**

ÉCHAUFFEMENT
2
MINUTES

PUISSANCE
8 MINUTES

1

KETTLEBELL STAGGERED SNATCH

Répétitions : 14 (7 à droite et 7 à gauche)
Récupération : 30 secondes
Cycles : 4

2

KETTLEBELL SWING TO HALO X 2

Répétitions : 8 enchaînements
Kettlebell Swing : 1 - Halo : 2
Récupération : 30 secondes
Cycles : 4

ENDURANCE
DE FORCE
12 MINUTES

3 et **3'**

BAND PULL THROUGH + BODYWEIGHT 1 LEG BOX JUMP *RÉCEPTION À 1 JAMBE*

Répétitions :
« Band Pull Through » : 6/8/10/12/10/8/6
« Bodyweight 1 Leg Box Jump » : 8 à 10

NOTES

POUR L'EXERCICE 1, choisissez une kettlebell légèrement plus lourde que lors de la phase d'initiation !
POUR L'EXERCICE 2, sur « Kettlebell Halo », un 1 tour dans un sens et 1 tour dans l'autre sens comptent pour 1 répétition. Poids de la kettlebell « idéale » = 20 kg, de bon niveau = 24 kg.
POUR L'EXERCICE 3 ET 3', recommencez le cycle pendant 12 minutes à intensité maximale si besoin est.

20' SÉANCE 1

1

2

3

3'

ÉCHAUFFEMENT
2
MINUTES

EXPLOSIVITÉ
8 MINUTES

1

BODYWEIGHT 1 ARM SQUAT THRUST

Répétitions : 12 (6 à droite et 6 à gauche)
Récupération : 30 secondes
Cycles : 4

2

BAND SIDE TOSS

Répétitions : 14 (7 à droite et 7 à gauche)
Récupération : 30 secondes
Cycles : 4

ENDURANCE
DE FORCE
12 MINUTES

3 et 3'

ELEVATED SPIDER MAN PUSH UP + DOUBLE KETTLEBELL DEAD SNATCH

Répétitions :
« Elevated Spider Man Push Up » : 12 (6 à gauche, 6 à droite)
« Double Kettlebell Dead Snatch » : 5/6/7/8/7/6/5
Durée de récupération : aucune
Il faut faire un maximum de cycles pendant 12 minutes.

1

3

3

3'

20' SÉANCE 3

ÉCHAUFFEMENT
2
MINUTES

PUISSANCE
8 MINUTES

1

KETTLEBELL KNEELING JUMP TO AMERICAN SWING

Répétitions : 7 à 8 enchaînements
Récupération : 30 secondes
Cycles : 4

2

DOUBLE KETTLEBELL DEAD START CLEAN

Répétitions : 10
Récupération : 30 secondes
Cycles : 4

ENDURANCE
DE FORCE
12 MIN

3 et 3'

BAND PUSH PUNCH + BODYWEIGHT BREAK DANCER

Répétitions :
« Band Push Punch » : 14 (7 à droite et 7 à gauche)
« Bodyweight Break Dancer » : 10

NOTE

Pour l'exercice 3 et 3', enchaînez ces deux exercices pendant 12 minutes. Effectuez un maximum d'enchaînements ! Sur « Bodyweight Break Dancer », 1 passage à gauche et 1 passage à gauche comptent pour 1 répétition.

1

2

3

3'

20' SÉANCE 4

ÉCHAUFFEMENT
2
MINUTES

EXPLOSIVITÉ
8 MINUTES

1

BODYWEIGHT HIP DIPS PLANK

Répétitions : 30 secondes
Récupération : 30 secondes
Cycles : 4

2

BAND PALLOF SQUAT + PRESS

Répétitions : 10
Récupération : 30 secondes
Cycles : 4

ENDURANCE
DE FORCE
12 MIN

3 et 3'

BODYWEIGHT HINDU PUSH UP + KETTLEBELL U SIDE SWING

Répétitions :
« Bodyweight Hindu Push Up » : 8 à 10
« Kettlebell U Side Swing » : 8/10/12/10/8
Durée de récupération : aucune
Il faut faire un maximum de cycles pendant 12 minutes.

NOTES

POUR L'EXERCICE 1, changez de côté à chaque répétition.
POUR L'EXERCICE 3, 1 « Kettlebell U Side Swing » vers la gauche et 1 « Kettlebell U Side Swing » vers la droite comptent pour 1 répétition.

1

2

3

3'

PROGRAMME OPTIMISATION

20' SÉANCE 1

ÉCHAUFFEMENT
2
MINUTES

PUISSANCE
8 MINUTES

1

KETTLEBELL U SIDE SWING

Répétitions : 8 à 10
Récupération : 30 secondes
Cycles : 4

2

KETTLEBELL SWING-SQUAT

Répétitions : 10
Kettlebell Swing : 1 - Squat : 2
Récupération : 30 secondes
Cycles : 4

ENDURANCE
DE FORCE
12 MINUTES

3 et 3'

BAND THRUSTER + BODYWEIGHT PULL UP

Répétitions :
« Band Thruster » : 10/12/15/20/15/12/10
« Bodyweight Pull Up » : 10

NOTE

POUR L'EXERCICE 3 ET 3', essayez d'effectuer toute cette gamme d'enchaînements en 12 minutes. Les meilleur(e)s d'entre vous qui auront complété cette gamme en moins de 12 minutes recommenceront le cycle jusqu'à écoulement du temps prévu !

20' SÉANCE 1

1

2

3

3'

PROGRAMME OPTIMISATION

20' **SÉANCE 2**

ÉCHAUFFEMENT
2
MINUTES

1

CANDLESTICK TO PUSH UP TO SQUAT

Répétitions : 10 à 12
Récupération : 30 secondes
Cycles : 4

EXPLOSIVITÉ
8 MINUTES

2

BAND SUMO DEADLIFT + ROWING

Répétitions : 10 à 12
Récupération : 30 secondes
Cycles : 4

3 et 3'

BODYWEIGHT ALTERNATED STEP UP JUMP + KETTLEBELL ALTERNATED 2 ARMS ROW

Répétitions :
« Bodyweight Alternated Step Up Jump » : 15 secondes
« Kettlebell Alternated 2 Arms Row » : 15 secondes
Récupération : 30 secondes

ENDURANCE DE FORCE
12 MINUTES

NOTES

POUR L'EXERCICE 1, ce complex est bien plus compliqué qu'il n'y paraît. Travaillez votre fluidité et la qualité du geste.
POUR L'EXERCICE 2, descente en deux temps, remontée explosive pour le « Rowing » menton en un seul temps.
POUR L'EXERCICE 3 ET 3', effectuez ce type d'alternance pendant 12 minutes.

1

2

3

3'

PROGRAMME OPTIMISATION

20' SÉANCE 3

ÉCHAUFFEMENT
2
MINUTES

1

KETTLEBELL DEAD LIFT JUMP

Répétitions : 7
Récupération : 30 secondes
Cycles : 4

2

DOUBLE KETTLEBELL CLEAN TO POWER JERK

Répétitions : 7 à 8
Récupération : 30 secondes
Cycles : 4

PUISSANCE
8 MINUTES

3 et 3'

BAND SIDE TOSS + BODYWEIGHT ROTATIONAL PUSH UP

Répétitions :
« Band Side Toss » : 16 (8 à droite et 8 à gauche)
« Bodyweight Rotational Push Up » : 4/6/8/10/8/6/4

ENDURANCE
DE FORCE
12 MINUTES

NOTES

Pour l'exercice 1, poids idéal de la kettlebell = 20 à 24 kg.
Pour l'exercice 2, deux kettlebells de 12 kg constituent déjà une belle performance.
Pour l'exercice 3 et 3', effectuez toute cette gamme d'enchaînements en 12 minutes. Les meilleur(e)s d'entre vous qui auront complété cette gamme en moins de 12 minutes recommenceront le cycle jusqu'à écoulement du temps imparti.

20' SÉANCE 3

1

2

3

3'

PROGRAMME OPTIMISATION

20' **SÉANCE 4**

ÉCHAUFFEMENT
2
MINUTES

1

BODYWEIGHT BURPEE–BOX JUMP

Répétitions : 7 à 10
Récupération : 30 secondes
Cycles : 4

2

BAND KNEELING SQUAT–PUNCH

Répétitions : 12
Récupération : 30 secondes
Cycles : 4

EXPLOSIVITÉ 8 MINUTES

3 et **3'**

BODYWEIGHT CHIN UP + KETTLEBELL KNEELING JUMP TO JUDO SWING

Répétitions :
« Bodyweight Chin Up » : 6 à 8 répétitions
2 cycles de
« Kettlebell Kneeling Jump » : 1 saut
« Kettlebell Judo Swing » : 6 répétitions
Récupération : aucune, ou le moins possible !

ENDURANCE DE FORCE 12 MINUTES

NOTES

POUR L'EXERCICE 2, maintenez la position « bras tendus + fessiers contractés » pendant 2 secondes entre chaque répétition. Alternez le côté du bras actif à chaque série.
POUR L'EXERCICE 3 ET 3', effectuez ce type d'alternance un maximum de fois pendant 12 minutes.

1

2

3

3'

PROGRAMME OPTIMISATION

20' **SÉANCE 1**

ÉCHAUFFEMENT
2
MINUTES

PUISSANCE
8 MINUTES

1

KETTLEBELL SWING SQUAT

Répétitions : 8 à 10
Récupération : 30 secondes
Cycles : 4

2

DOUBLE KETTLEBELL PUSH UP + DIP

Répétitions : 10
Récupération : 30 secondes
Cycles : 4

ENDURANCE
DE FORCE
12 MINUTES

3 et **3'**

BAND SIDE TOSS + BODYWEIGHT BREAK DANCER

Répétitions :
« Band Side Toss » : 20 (10 à droite et 10 à gauche)
« Break Dancer » : 6/8/10/12/10/8/6

NOTES

POUR L'EXERCICE 2, 1 « Double Kettlebell Push Up » et 1 « Dip » comptent pour 1 répétition.
POUR L'EXERCICE 3 ET 3', essayez d'effectuer toute cette gamme d'enchaînements en 12 minutes. Les meilleur(e)s d'entre vous qui auront complété cette gamme en moins de 12 minutes recommenceront le cycle jusqu'à écoulement des 12 minutes ! Sur « Break Dancer », un passage à droite et un à gauche comptent pour 1 répétition.

SEMAINE 4

20' SÉANCE 1

1

2

3

3'

PROGRAMME OPTIMISATION

20' SÉANCE 2

ÉCHAUFFEMENT
2
MINUTES

EXPLOSIVITÉ
8 MINUTES

1

SCORPION PUSH UP TO JUMP

Durée d'effort : 30 secondes
Récupération : 30 secondes
Cycles : 4

2

BAND PUSH PUNCH

Répétitions : 24 (12 à droite et 12 à gauche)
Récupération : 30 secondes
Cycles : 4

ENDURANCE
DE FORCE
12 MINUTES

3 et 3'

DOUBLE KETTLEBELL SWING + HIGH ROW + BODYWEIGHT BOX JUMP

Répétitions :
« Double Kettlebell Swing + High Row » : 15 secondes
« Bodyweight Box Jump » : 10 sauts
Récupération : aucune

NOTE

Pour l'exercice 3 et 3', effectuez ce type d'alternance pendant 12 minutes.

1

2

3

3'

20' SÉANCE 3

ÉCHAUFFEMENT
2
MINUTES

1

DOUBLE KETTLEBELL FRONT LUNGE + PRESS

Répétitions : 10
(5 de la jambe droite et 5 de la jambe gauche)
Récupération : 30 secondes
Cycles : 4

PUISSANCE 8 MINUTES

2

KETTLEBELL U SWING TO GOBLET SQUAT

Répétitions : 10
Récupération : 30 secondes
Cycles : 4

3 3' et 3''

BAND CROSS ROW + BODYWEIGHT 1 LEG BOX JUMP + PULL UP

ENDURANCE DE FORCE 12 MINUTES

Répétitions :
« Band Cross Row » : 20
« 1 Leg Box Jump » : 12 (6 à droite et 6 à gauche)
« Pull Up » : 10

NOTES

Pour l'exercice 1, commencez ce complex debout et appliquez-vous à bien freiner la descente en « fente avant ».
Pour l'exercice 2, Contrôlez la descente en « Goblet Squat » à l'issue de chaque montée en cercle de votre kettlebell. Un « U Side Swing » enchaîné d'une descente en « Goblet Squat » compte pour 1 répétition.
Pour l'exercice 3, 3' et 3'', effectuez un maximum d'enchaînements pendant 12 minutes. Sur le « Band cross row », alternez la jambe qui recule à chaque répétition. Sur « 1 Leg Box Jump », l'impulsion s'effectue sur 1 jambe et la réception sur vos deux pieds.

20' SÉANCE 3

1

2

3

3'

3''

PROGRAMME OPTIMISATION

20' SÉANCE 4

ÉCHAUFFEMENT 2 MINUTES

EXPLOSIVITÉ 8 MINUTES

1

BODYWEIGHT HINGE SQUAT JUMP + ROTATIONAL PUSH UP

Durée d'effort : Hinge Squat Jump : 15 secondes
Rotational Push Up : 15 secondes
Récupération : 30 secondes
Cycles : 4

2

BAND STAGGERED CROSS ROW + PALLOF SQUAT-PRESS

Durée d'effort : Band Cross Row » : 15 secondes
Band Pallof Squat-Press : 15 secondes
Récupération : 30 secondes
Cycles : 4

ENDURANCE DE FORCE 12 MINUTES

3 3' et 3''

BODYWEIGHT HINDU PUSH UP + DOUBLE KETTLEBELL ALTERNATED ROW + BAND PRESS HOLD

Répétitions :
« Bodyweight Hindu Push Up » : 15 secondes
« Kettlebell Swing Squat » : 15 secondes
« Band Press Hold » : 15 secondes
Récupération : aucune

NOTES

POUR L'EXERCICE 1, sur « Rotational Push Up », alternez le sens de rotation des hanches à chaque répétition.
POUR L'EXERCICE 2, changez la jambe d'appui à chaque répétition pendant 15 secondes.
POUR L'EXERCICE 3, 3' ET 3'', effectuez ce type d'alternance pendant 12 minutes, soit 16 cycles ! Sur « Band Press Hold », maintenez la position pendant 15 secondes.

1

2

3

2'

3'

3''

Bodyweight : au poids de corps.

Dead Start : départ du mouvement avec la kettlebell positionnée au sol. Idéal pour le développement de l'explosivité !

Girevoy : sport traditionnel aux origines russes utilisant une « girya » (kettlebell). Le style est différent par rapport au « Hard Style » : beaucoup plus technique (ondulation du corps), mais beaucoup plus rentable en termes d'utilisation de l'énergie ; bien plus efficace en termes de préservation de la santé du rachis également. Quel que soit le style (mais plus particulièrement en girevoy), initiez-vous à la pratique des kettlebells auprès d'un éducateur sportif spécialisé.

Kettlebell Hard Style : style conventionnel utilisant la flexion-extension stricte des hanches. Plus facile d'apprentissage, mais moins rentable en termes de dépense énergétique pour les séries longues.

Strict : le mouvement est réalisé sans aucun élan.

Power : utilisation de l'élan. Le mouvement est initié par une légère flexion des genoux et se termine également par une légère flexion de ceux-ci afin d'amortir la réception.

Hold : position de maintien isométrique d'un mouvement.

Band : bande élastique.

Remerciements

Mes premières pensées vont à ma famille et mes proches, qui ont su m'accompagner, me soutenir et m'apporter la motivation nécessaire à l'écriture de cet ouvrage. Ce projet, qui marque le début d'une longue série, je l'espère, n'aurait pu aboutir sans vos encouragements et je tiens à vous en remercier.

Bien entendu, un projet de cette envergure n'aurait pu voir le jour sans l'accompagnement, l'intérêt et la confiance des éditions Amphora et de Renaud Dubois. Pour finir, je remercie chaleureusement Christophe Pourcelot qui a su partager son savoir, son expertise avec bienveillance et humilité.

Frédéric

Nous tenons également à remercier nos deux modèles :
Lauriane Lamperim et Tristan Defeuillet-Vang.

Vous aurez également le plaisir de les retrouver dans l'ouvrage
J'ai pas le temps ! Séances avec sangles de suspension.

La force et ses corollaires : l'explosivité et la puissance

Références

Page 12 – Pour Fox et Mathews, la force se définit comme la tension qu'un muscle ou groupe musculaire peut opposer à une résistance par une contraction : Fox E., *Physiological Basis* of *Physical Education and Athletics*, Saunders College Pub, 1981.
Page 14 – Selon Weineck, « la force maximale [concentrique] est le maximum de force que puisse déployer le système neuromusculaire pour une contraction maximale volontaire » : Weineck J., *Manuel d'entraînement*, Vigot, 1986.
Page 20 – Le modèle de Hill : 1938.
Page 21 – Tension active, voir Pascal Prévost, « Intérêt et limite des étirements lors de la préparation physique dans les activités gymniques », UFR STAPS Paris XII, disponible en ligne : http://prevost.pascal.free.fr/public/pdf/Etirements.pdf ; et « Le muscle squelettique », stapscrew.fr, disponible en ligne : http://stapscrew.free.fr/Texte/Muscle5.htm.
Page 21 – Tension passive, voir Pascal Prévost, « Intérêt et limite des étirements lors de la préparation physique dans les activités gymniques », UFR STAPS Paris XII, disponible en ligne : http://prevost.pascal.free.fr/public/pdf/Etirements.pdf.
Page 27 – Réflexe myotatique : ce schéma est basé sur celui de Delphine Bouancheau, docteur en sciences de la vie et de la santé.

Kettlebell : le travail ultime de la puissance

Sitographie

- P. Debraux et A. Manolova, « Kettlebell : Un peu de science dans un monde de fonte », 23 octobre 2012, disponible en ligne : https://www.sci-sport.com/dossiers/kettlebell-science-et-entrainement.php.

Bibliographie

- Brumitt J., Gilpin H.E., Brunette M. et Meira E.P., « Incorporating Kettlebells Into a Lower Extremity Sports Rehabilitation Program » dans *North American Journal of Sports Physical Therapy*, 5:257-265, 2010.
- Harrison J.S., Schoenfeld B. et Schoenfeld M.L., « Applications of Kettlebells in Exercise Program Design » dans *Strength and Conditioning Journal*, 33:86-89, 2011.
- Jay K., Jakobsen M.D., Sundstrup E., Skotte J.H., Jorgensen M.B., Andersen C.H., Pedersen M.T. et Andersen L.L., « Effects of Kettlebell Training on Postural Coordination and Jump Performance: A Randomized Controlled Trial » dans *Journal of Strength & Conditioning Research*, 27:1202-1209, 2013.
- Jay K., Frisch D., Hansen K., Zebis M.K., Andersen C.H., Mortensen O.S. et Andersen L.L., « Kettlebell Training for Musculoskeletal and Cardiovascular Health: A Randomized Controlled Trial » dans *Scandinavian Journal of Work, Environment & Health*, 37:196-203, 2011.

- Lake J.P. et Lauder M.A., « Kettlebell Swing Training Improves Maximal and Explosive Strength » dans *Journal of Strength & Conditioning Research*, 26:2228-2233, 2012.
- Lake J.P. et Lauder M.A., « Mechanical Demands of Kettlebell Swing Exercise » dans *Journal of Strength & Conditioning Research*, 26:3209-3216, 2012.
- Manocchia P., Spierer D.K., Lufkin A.K.S., Minichiello J. et Castro J., « Transference of Kettlebell Training to Strength, Power and Endurance » dans *Journal of Strength & Conditioning Research*, 27:477-484, 2013.
- McGill S. et Marshall L.W., « Kettlebell Swing, Snatch, and Bottoms-Up Carry: Back and Hip Muscle Activation, Motion, et Low Back Loads » dans *Journal of Strength & Conditioning Research*, 26:16-27, 2012.
- Otto W.H., Coburn J.W., Brown L.E. et Spiering B.A., « Effects of Weightlifting vs. Kettlebell Training on Vertical Jump, Strength, and Body Composition » dans *Journal of Strength & Conditioning Research*, 26:1199-1202, 2012.
- Zebis M.K., Skotte J., Andersen C.H., Mortensen P., Petersen M.H., Viskaer T.C., Jensen T.L., Bencke J. et Andersen L.L., « Kettlebell Swing Targets Semitendinosus and Supine Leg Curl Targets Biceps Femoris: An EMG Study with Rehabilitation Implications » dans *British Journal of Sports Medicine*, 47:1192-1198, 2013.

Poids de corps et élastiques : pour une meilleure exploitation de l'explosivité

Référence

Page 47 – Markovic et Mikulic, 2010.

Sitographie

- P. Debraux et A. Manolova, « Les bandes élastiques : de la science à la pratique », 28 février 2012, disponible en ligne : https://www.sci-sport.com/dossiers/les-bandes-elastiques-de-la-science-a-la-pratique-001.php.

Bibliographie

- McMaster D.T., Cronin J. et McGuigan M., « Forms of Variable Resistance Training » dans *Strength and Conditioning Journal*, 31:50-64, 2009.
- Page P. et Ellenbecker T.S., *The Scientific and Clinical Application of Elastic Resistance*, Champaign, Human Kinetics, 2003.
- Simoneau G.G., Bereda S.M., Sobush D.C. et Starsky A.J., « Biomechanics of Elastic Resistance in Therapeutic Exercise Programs » dans *Journal of Orthopaedic and Sports Physical Therapy*, 31:16-24, 2001.

- Anderson C.E., Sforzo G.A. and Sigg J.A., « The Effects of Combining Elastic and Free Weight Resistance on Strength and Power Athletes » dans *Journal of Strength & Conditioning Research*, 22:567-574, 2008.
- Ghigiarelli J.J., Nagle E.F., Gross F.L., Robertson R.J., Irrgang J.J. et Myslinski T., « The Effects of a 7-Week Heavy Elastic Band and Weight Chain Program on Upper-Body Strength and Upper-Body Power in a Sample of Division 1-AA Football Players », *Journal of Strength & Conditioning Research*, 23:756-764, 2009.
- Wallace B.J., Winchester J.B. et McGuigan M.R., « Effects of Elastic Bands on Force and Power Characteristics During the Back Squat Exercise » dans *Journal of Strength & Conditioning Research*, 20:268-272, 2006.
- Ebben W.P. et Jensen R.L., « Electromyographic and Kinetic Analysis of Traditional, Chain, and Elastic Band Squats » dans *Journal of Strength & Conditioning Research*, 16:547-550, 2002.
- Cronin J.B., McNair P.J. et Marshall R.N., « Force-Velocity Analysis of Strength-Training Techniques and Load: Implications for Training Strategy and Research » dans *Journal of Strength & Conditioning Research*, 17:148-155, 2003.
- Newton R.U., Kraemer W.J., Häkkinen K., Humphries B.J. et Murphy A.J., « Kinematics, Kinetics, and Muscle Activation During Explosive Upper Body Movements » dans *Journal of Applied Biomechanics*, 12:31-43, 1996.
- Israetel M.A., McBride J.M., Nuzzo J.L., Skinner J.W. et Dayne A.M., « Kinetic and Kinematic Differences Between Squats Performed With and Without Elastic Bands » dans *Journal of Strength & Conditioning Research*, 24:190-194, 2010.
- Stevenson M.W., Warpeha J.M., Dietz C.C., Giveans R.M. et Erdman A.G., « Acute Effects of Elastic Bands During the Free-Weight Barbell Back Squat Exercise on Velocity, Power, and Force Production » dans *Journal of Strength & Conditioning Research*, 24:2944-2954, 2010.

Notes